首都師範大學建校七十周年紀念

一九五四—二〇二四

古刻華章

首都師範大學圖書館藏
倉永齡舊藏歷代石刻拓片

首都師範大學圖書館　整理

上

國家圖書館出版社

圖書在版編目（CIP）數據

古刻華章：首都師範大學圖書館藏倉永齡舊藏歷代石刻拓片：全三冊 / 首都師範大學
圖書館整理 . —— 北京：國家圖書館出版社，2024.10
　　ISBN 978-7-5013-7789-3

　　Ⅰ . ①古… Ⅱ . ①首… Ⅲ . ①石刻—拓片—中國—圖集 Ⅳ . ① K877.22

　　中國國家版本館 CIP 數據核字 (2023) 第 019762 號

書　　名	古刻華章：首都師範大學圖書館藏倉永齡舊藏歷代石刻拓片（全三冊）	
著　　者	首都師範大學圖書館　整理	
責任編輯	代　坤　張慧霞　王若舟	
責任校對	王明義	
封面設計	徐新狀	

出版發行　國家圖書館出版社（北京市西城區文津街 7 號　100034）
　　　　　　（原書目文獻出版社　北京圖書館出版社）

　　　　　　010-66114536　63802249　nlcpress@nlc.cn（郵購）

網　　址　http://www.nlcpress.com
印　　裝　北京科信印刷有限公司
版次印次　2024 年 10 月第 1 版　2024 年 10 月第 1 次印刷

開　　本　240×330　1/8
印　　張　111.25
書　　號　ISBN 978-7-5013-7789-3
定　　價　1800.00 圓

編委會

主　任：石長地

主　編：屈　南　蘆婷婷

副主編：吳雪梅　朱　紅

前言

倉永齡（1875—1945）字錫青，號澹庵、澹盦，河南省中牟縣倉寨村人。幼承家學，頗多才藝。及長，隨父輩歷練，知吏事。歷任駐天津陸軍糧餉局兼轉運局提調、駐濟南糧餉局提調、辦理天津口岸、西河緝私督銷局坐辦、直隸宣化府知府、河東鹽運使、東三省鹽運使等職。所到之處，皆能盡職。民國中期，脫離官場，在天津開辦“松鶴齋”，經營金石字畫。“七七事變”後，先後在武漢、重慶等地稅務局以幕僚爲生。晚年曾一度歸於中牟故里。1945年，卒於湖北老河口，歸葬中牟倉氏祖塋。

倉永齡喜書畫，擅文章，酷愛金石收藏鑒賞。因其曾擔任清末民初的地方官員，所以具備一定的經濟實力和人脉關係來購買、尋訪金石拓片。倉永齡購買拓片的地點主要爲其仕宦所歷之地，如天津、山東、山西等地。除了購買，還有一部分拓片來自其親友贈送。清代金石學超越前代，倉永齡亦兼具金石學學養和書法功底：不僅爲所藏拓片編寫了目錄，還每每在拓片題簽上題寫拓片名稱和獲得時間、原石出土地點及自己對拓片版本的認識，并在拓片上鈐有自己的收藏章；在一些重要的石刻拓片上，倉永齡會有大段題跋，這些題跋是今人瞭解其所收拓片來源、鑒定拓片版本的重要依據。

倉永齡卒後，所藏拓片由其長孫孝和繼承。倉孝和（1923—1984）出生於天津，二十世紀四十年代就讀於重慶“國立中央大學”。在學生時代便投身革命，曾在重慶、中原解放區和北平從事學生運動和地下工作。1949年後，倉孝和積極獻身教育領域，爲北京師範學院（首都師範大學前身）的創辦和發展做出重要貢獻，八十年代曾任校長一職。二十世紀五十年代建校初，正是新中國初創時期，學校經濟困難，圖書館資料匱乏，爲充實圖書館藏書，倉孝和將其祖父所藏拓片無償捐贈給圖書館。這批拓片的入藏，豐富了圖書館文獻資源的種類，也爲後人留下了寶貴的研究資料。

首都師範大學圖書館藏倉永齡舊藏拓片總計820餘件。拓片特點如下：第一，原石刻立時間跨度長，上起先秦，下迄民國；第二，種類多樣，包括石經、墓誌、畫像、造像、題名、題字、題記、題詞、雜刻等；第三，内容豐富，涉及古代歷史、地理、政治、經濟、文化、社會風俗、對外交流等諸多領域；第四，原石刻立地域分布較廣，遍及中國二十餘個省、自治區、直轄市，其中尤以在河南、山東、陝西等文物大省者居多。所收拓片比較有代表性的是《石鼓文》《琅琊臺刻石》《正始石經》《瘞鶴銘》《大秦景教流行中國碑》等，具有重要的文物、文獻、書法和藝術價值，在金石書畫界享有盛譽。

2019年圖書館啓動館藏拓片編目與整理研究工作。2021年底啓動館藏拓片修復項目，并於次年順利完成。拓片修復以“整舊如舊”原則爲指導，最大程度保持和恢復拓片原貌和裝幀特色。總計修復武氏祠畫像相關拓片47張,《李璧墓誌》《劉華仁墓誌》等墓誌、造像13張。在整理工作開始前和進行中,先後派遣兩名工作人員參加國家古籍保護中心組織的碑帖拓片編目與鑒定培訓班。在整理過程中,工作人員參考了國家圖書館"碑帖菁華"、北京大學"古文獻資源數據庫"、浙江大學"歷代墓誌數據庫"、"中華石刻"、"中國金石總錄"等數據庫資源;拓片版本的鑒定主要依據《碑帖鑒定》《善本碑帖錄》《中國碑拓鑒別圖典》《增補校碑隨筆》等工具書,同時參考《北京大學圖書館藏歷代墓誌拓片目錄》《北京大學圖書館藏歷代石刻拓本草目》《漢魏南北朝墓誌彙編》《南北朝墓誌集成》《磁縣北朝墓群出土碑誌集釋》等研究著作及相關論文。2024年圖書館籌備并開展"金石不朽 精神永存:倉孝和捐贈拓片"展覽,從倉氏後人手中徵集到倉永齡檔案、家譜、照片等,若干照片還整理進本書中,從而進一步豐富了倉永齡生平信息。

　　這批珍貴拓片經過我館開展的原生性保護、再生性保護,終將展現於世人面前。希望通過本書的出版,能夠爲專家學者提供第一手研究資料,也爲這批拓片的傳承性保護開啓新篇章,讓更多的人感受金石拓片魅力。

屈南　蘆婷婷
2024 年 10 月

凡例

　　一、本書收録首都師範大學圖書館現藏倉永齡舊藏全部石刻（含雜器 3 種）拓片。拓片傳拓時間均爲 1945 年及以前。

　　二、本書原則上按雜刻（含雜器）、畫像、造像、墓誌（含墓記、塔銘、碑誌等）四大類編排。石經、墓碑、題名、題字、題記、題詞、祠廟等類石刻，因其每一類石刻拓片館藏數量較少，不再單獨分類，均歸入雜刻。

　　三、各類拓片原則上以石刻刻立時間爲序。刻立時間不詳者依其書寫時間，均無者依其成文時間。墓葬類無鐫刻時間者依其葬年，均無者依其卒年。無紀年者排在同朝代或同一歷史時期或同一石刻類別之後。

　　四、每條數據著録内容包括：館藏索書號、正題名（部分附別名）、原題名（石刻首題、蓋題、額題等）、責任者（撰文、書寫、篆蓋、鐫刻者等）、刻立時間（葬年、卒年等）、石刻原所在地（刻立地點、出土地點等）、傳拓時間、數量、尺寸、文種與書體、題記、鈐印、題簽、附刻等内容。石刻原所在地依現行政區劃著録，地點無法考證和補充的，著録爲“刻立地不詳”或“出土地不詳”。

　　五、館藏索書號均以 ST 或 PT 爲前綴，ST 即善拓，PT 即普拓。

　　六、同一種拓片著録爲一條款目。複本不單獨著録，僅列館藏索書號。

　　七、正題名爲擬定題名，畫像類一般由“畫像地點／畫像内容＋畫像”構成；造像類一般由“造像主姓名或衆多造像者中第一位人的姓名＋造像”構成；墓誌類一般由“墓主姓名＋墓誌”構成，墓主名諱泐闕時，男子以“×君”、女子以“×氏”代之；石經類由“年號＋石經＋書名”構成；墓碑類一般由“墓主姓名＋墓碑”構成。其他類別石刻，命名規則并不統一，命名時參考了學界比較通行的題名。

　　八、本書所收拓片多有兩幅及以上拓紙裱爲一張者，如：同一石刻之陰陽合裱、碑身碑額合裱、碑兩側合裱、多塊殘石合裱、造像與造像記合裱、誌蓋合裱等，其拓片數量均著録爲“1 張”，但各拓紙墨影的尺寸均分開著録。

　　九、拓片尺寸著録墨影的“高×寬”，以厘米（cm）計。拓片尺寸著録順序：雜刻類、畫像類、造像類，尺寸著録順序與圖像排版順序基本一致，順序依次爲陽、額、陰、側；多紙合裱的拓片尺寸著録順序，按從上到下，從右至左。墓誌類尺寸著録順序爲誌在前，蓋在後。

　　十、雜刻類著録石刻的附刻信息，以與原刻作明顯區分；畫像類、造像類、墓誌類均不著録附刻信息。

　　十一、除未托裱的 60 張拓片外，每張拓片封面均鈐有“倉孝龢同志捐贈”朱文長方印，每張拓片右下角均鈐有“北京師範學院藏書之章”朱文方印。爲行文簡潔，不再一一著録。

十二、僞刻置於全書正文之尾，并在刻立時間後以圓括號括注"僞刻"。

十三、原拓片題簽著録了倉永齡等人自題石刻名稱、責任者、刻立時間、石刻所在地、書體、獲拓時間、拓片來源、拓片版本等内容，因題簽中所著録之石刻名稱、責任者、刻立時間、書體等内容與本書所著録内容基本一致，故本書題簽僅著録石刻所在地、獲拓時間、拓片來源、拓片版本等内容，原題簽中倉氏等人自題石刻名稱、責任者、刻立時間等内容均不予著録；另，爲方便讀者稽核，將所涉題簽原圖附於書末。

十四、闕字以符號"□"代替；補字加符號"[ ]"標明。

十五、全書除人名照録外，其餘用字基本使用規範繁體字著録。

倉永齡青年像

倉永齡晚年像

倉永齡和孫輩（從右至左依次爲：孝和 孝林 孝慶）

倉孝和青年像

倉孝和晚年像

倉孝和晚年像

存放拓片的舊書箱

拓片護書板

拓片外觀

齊

邑儀人等造象　天保五年四月三日

汪阿歡造象　天保六年六月

高劉二姓邑儀五十八人等造象　天保七年三月一日

朱民邑人等造象　天保八年十二月

廣固南寺造象　天保九年三月

王保貴殘厚圖碑　天保　招金剌魯八鬃至志

江鄴僧碑銘　乾明元年七月十五日

174929

倉永齡手寫拓片目錄

中牟倉氏名人支系表

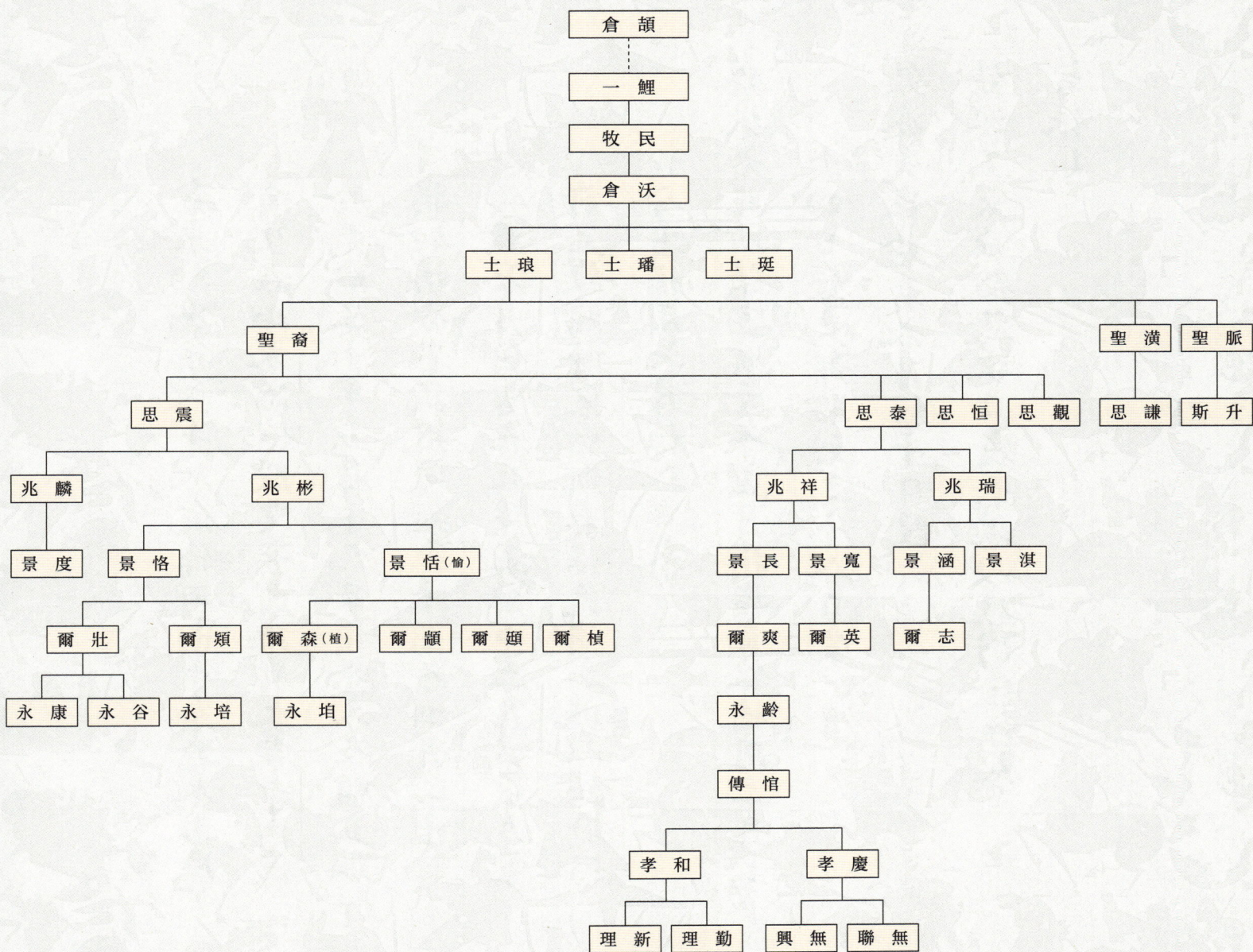

```
                          倉 頡
                           ┊
                          一 鯉
                          牧 民
                          倉 沃
         ┌─────────────────┼─────────────────┐
       士 琅              士 璠              士 斑
   ┌─────────────────────────────────────┐
  聖 裔                                聖 潢 聖 脈
   ┌──────────────────┐          ┌────┬────┬─────┬────┐
  思 震                       思 泰 思 恒 思 觀   思 謙  斯 升
 ┌────┬──────┐           ┌──────┬──────┐
兆 麟      兆 彬         兆 祥          兆 瑞
 │    ┌────┴────┐    ┌────┬────┐  ┌────┬────┐
景 度 景 恪        景 恬(愉) 景 長 景 寬 景 涵 景 淇
   ┌──┴──┐   ┌───┬───┬───┐  │         │
  爾 壯 爾 頴  爾 森(植)爾 顥 爾 頲 爾 楨 爾 爽 爾 英 爾 志
 ┌──┴──┐  │    │          │
永 康 永 谷 永 培 永 坦      永 齡
                            傳 惛
                        ┌────┴────┐
                      孝 和      孝 慶
                    ┌──┴──┐  ┌──┴──┐
                  理 新 理 勤 興 無 聯 無
```

轉自：中牟縣政協文史資料委員會編《中牟倉氏名人研究》

清朝倉永齡檔案

倉永齡現年三十八歲係河南中牟縣人由廩
貢生在山東昭信股票案內請獎太常寺典簿
於光緒三十年五月十九日領照又在順直賑
捐加捐分省試用同知三十三年四月二十日
領照七月因曾在北洋籌辦中立在事出力案
前直隸總督袁世凱奏保免補本班以知府仍
分省補用七月初八日奉
硃批著照所請宣統元年正月捐指直隸補用二月二
十四日經吏部驗到二十八日當
欽派大臣驗看本月初十日經
欽派王大臣驗放次日復奏進以照例發往奉
旨依議

轉自：中牟縣政協文史資料委員會編《中牟倉氏名人研究》

倉永齡收藏章

"倉永齡印" 陰文方印

"倉永齡印" 陰文方印

"倉永齡印" 陰文方印

"錫青" 陽文長方印

"錫青" 陽文方印

"錫青" 陽文長方印

"錫青" 陽文方印

"錫青" 陽文方印

"錫卿" 陽文長方印

"澹盦" 陰文長方印

"澹盦" 陽文橢圓印

"澹盦" 陽文方印

“澹盦”陽文長方印　　　　“澹闇”陽文長方印　　　　“倉”陽文圓印

“倉印”陽文長方印　　　　“倉印”陰文橢圓印　　　　“倉氏金石文字”陽文方印

“倉氏藏石”陰文方印　　　　“永齡私印”陰文方印　　　　“澹盦金石”陽文方印

“澹庵所藏金石”陰文方印　　　　“澹盦收藏”陽文方印

目録

上册

三、造像

中册

四、墓誌

（一）北魏

（二）東魏、西魏、北齊、北周

（三）隋

下册

（四）唐

（七）元、明、清、民國

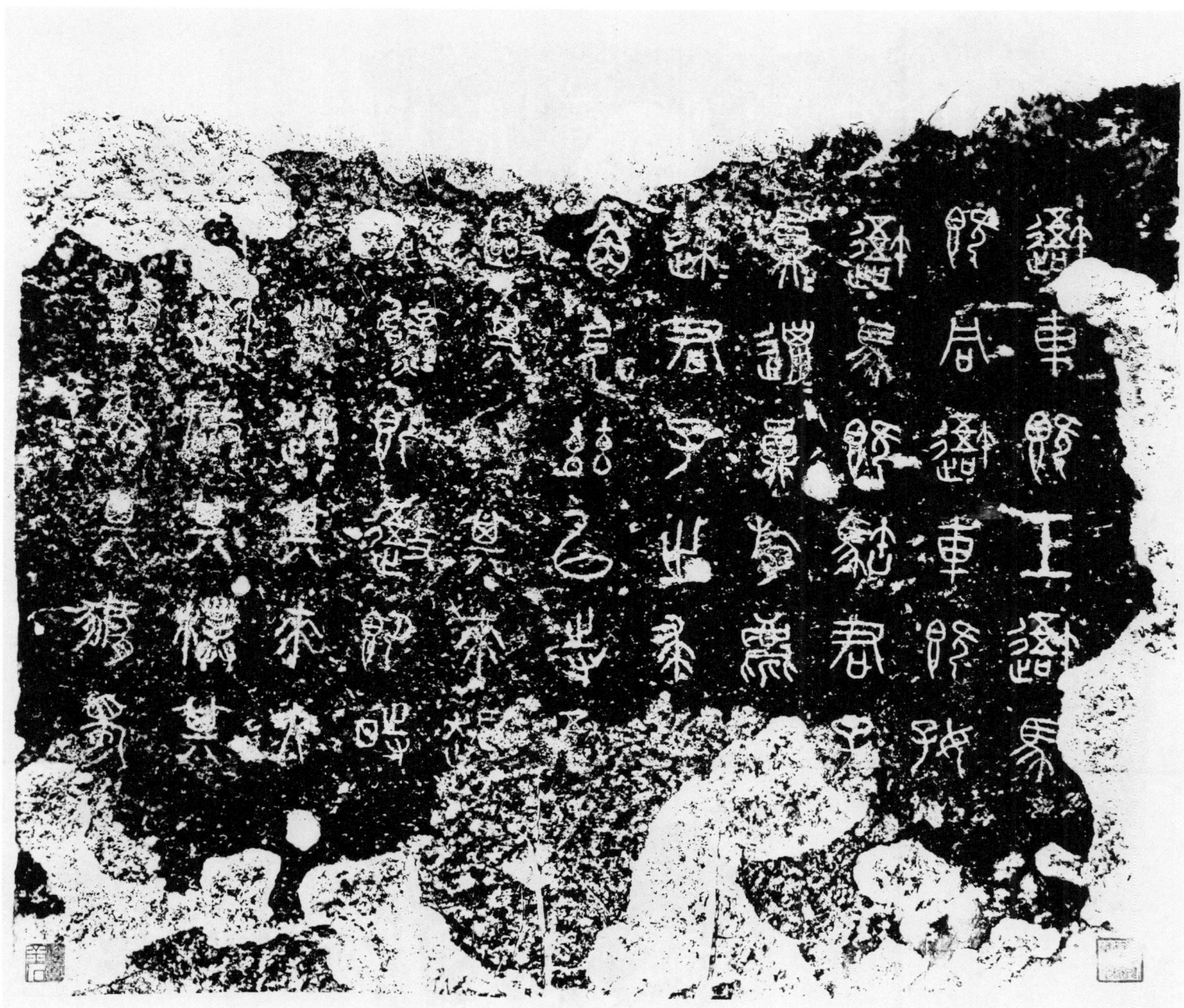

PT/688　石鼓文（獵碣）　佚名撰

東周（前 770—前 256）刻　陝西省寶雞市鳳翔區出土

清末民國拓本　10 張　57 cm×63 cm（一至四），52 cm×62 cm（五），33 cm×63 cm（六），57 cm×63 cm（七），55 cm×63 cm（八），53 cm×78 cm（九），57 cm×63 cm（十）

篆書

鈐印：滄盦金石、滄盦

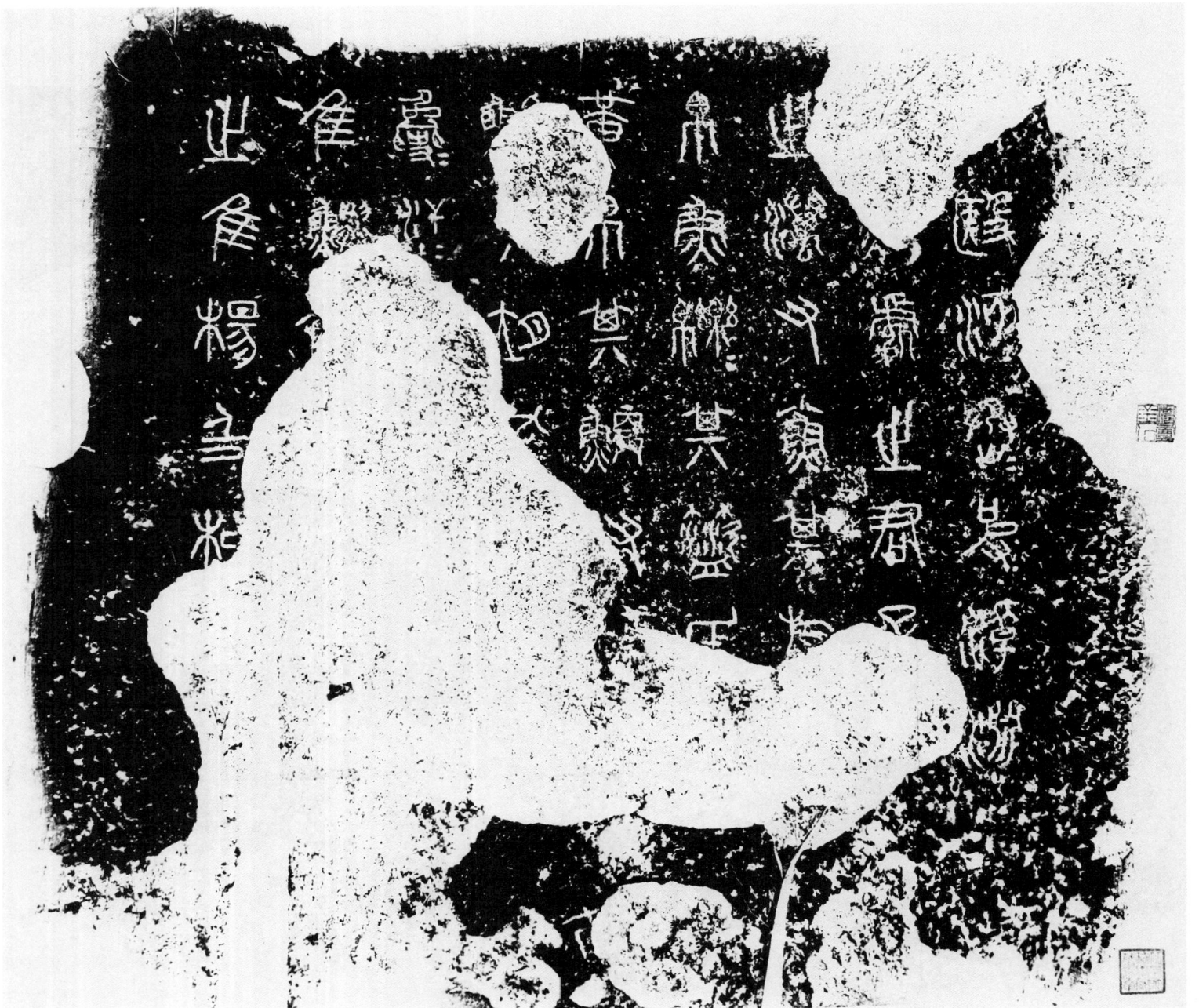

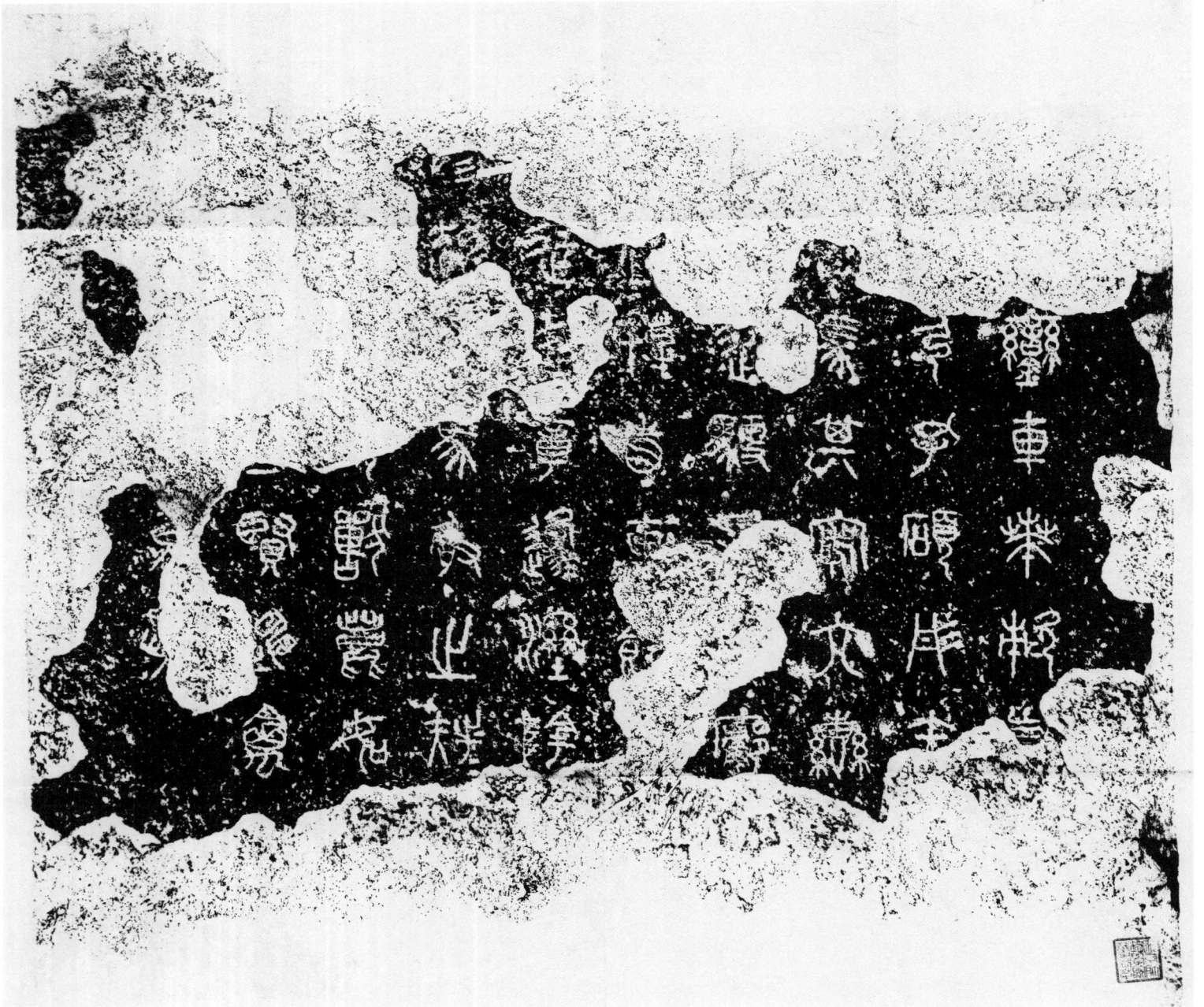

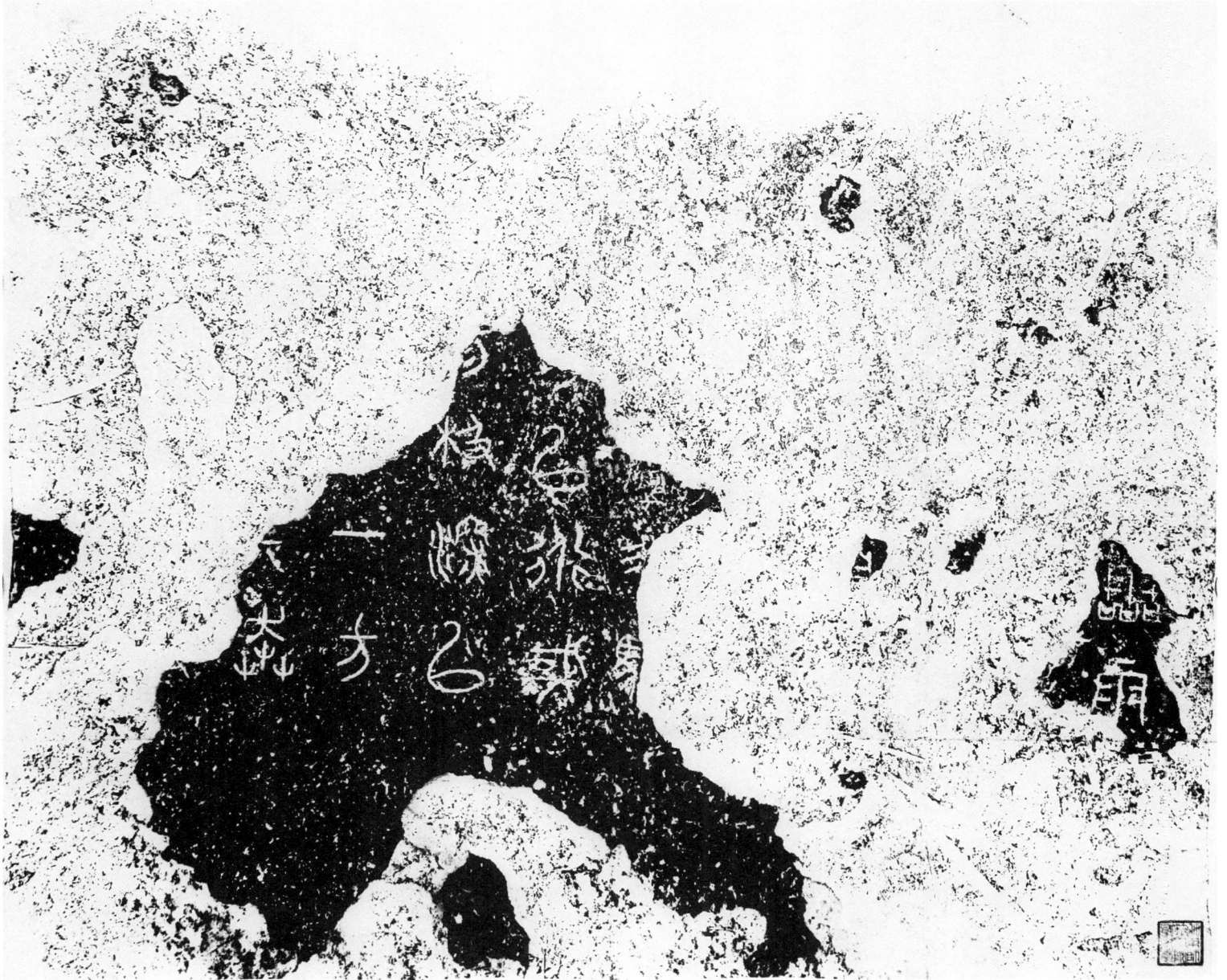

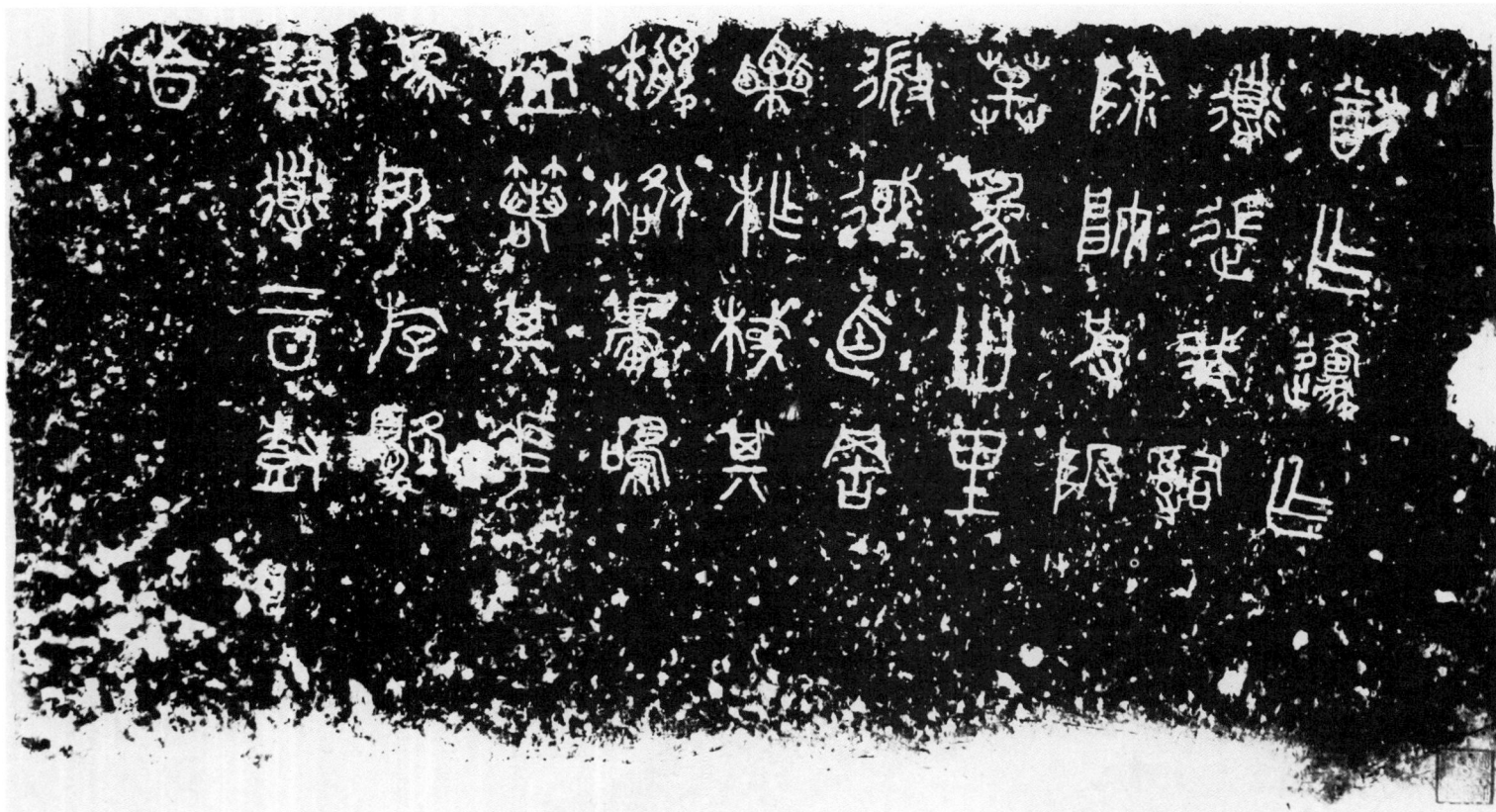

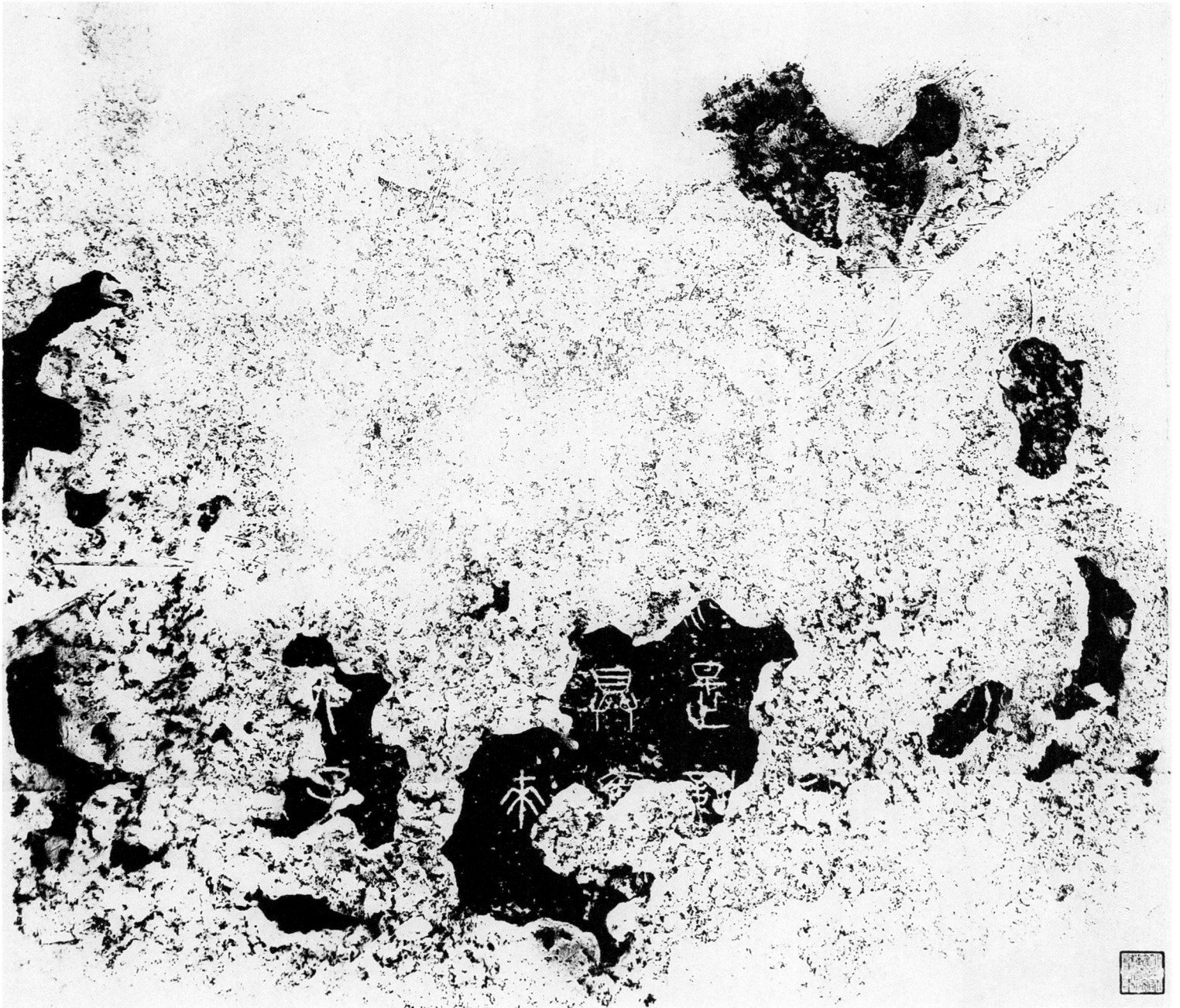

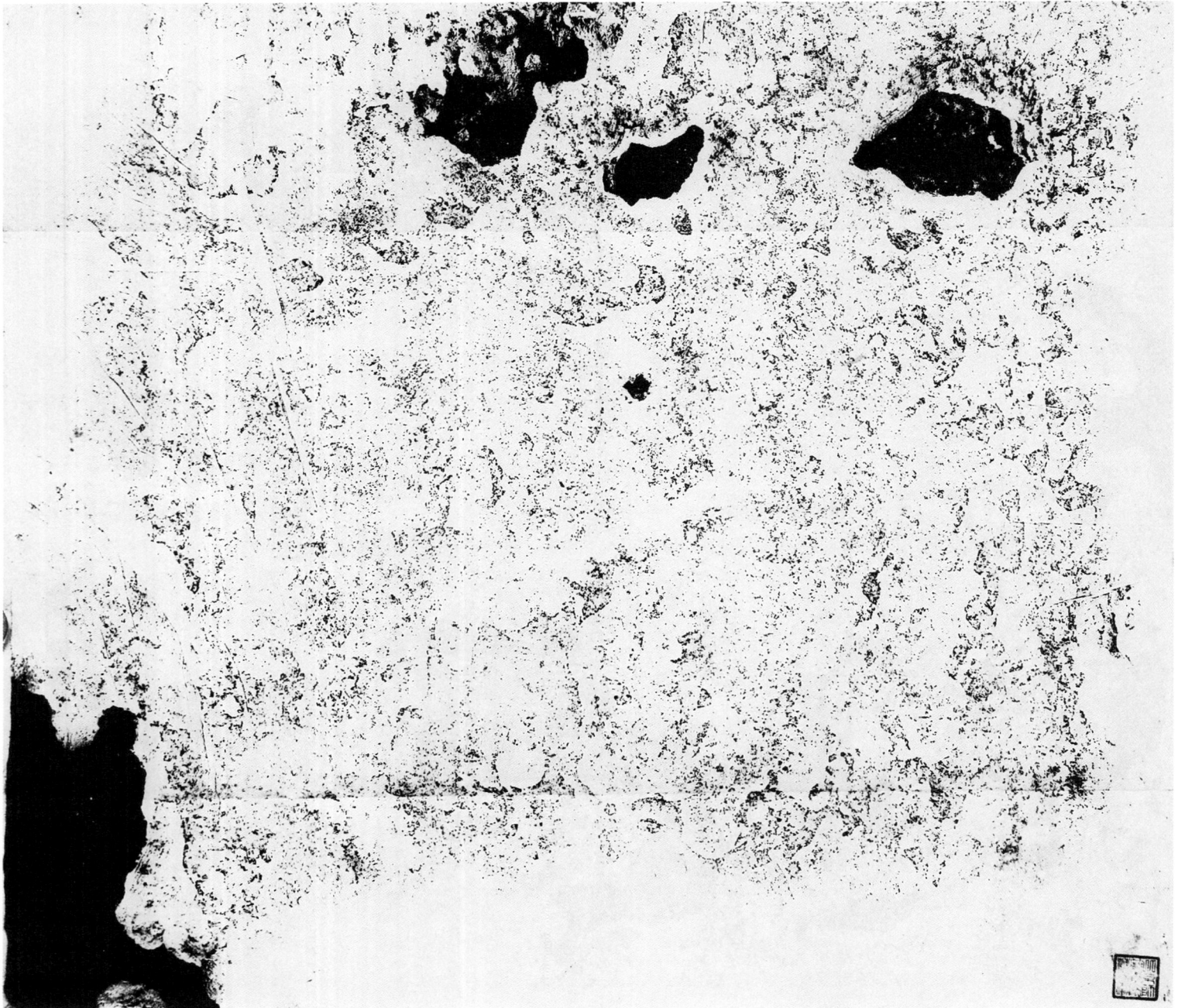

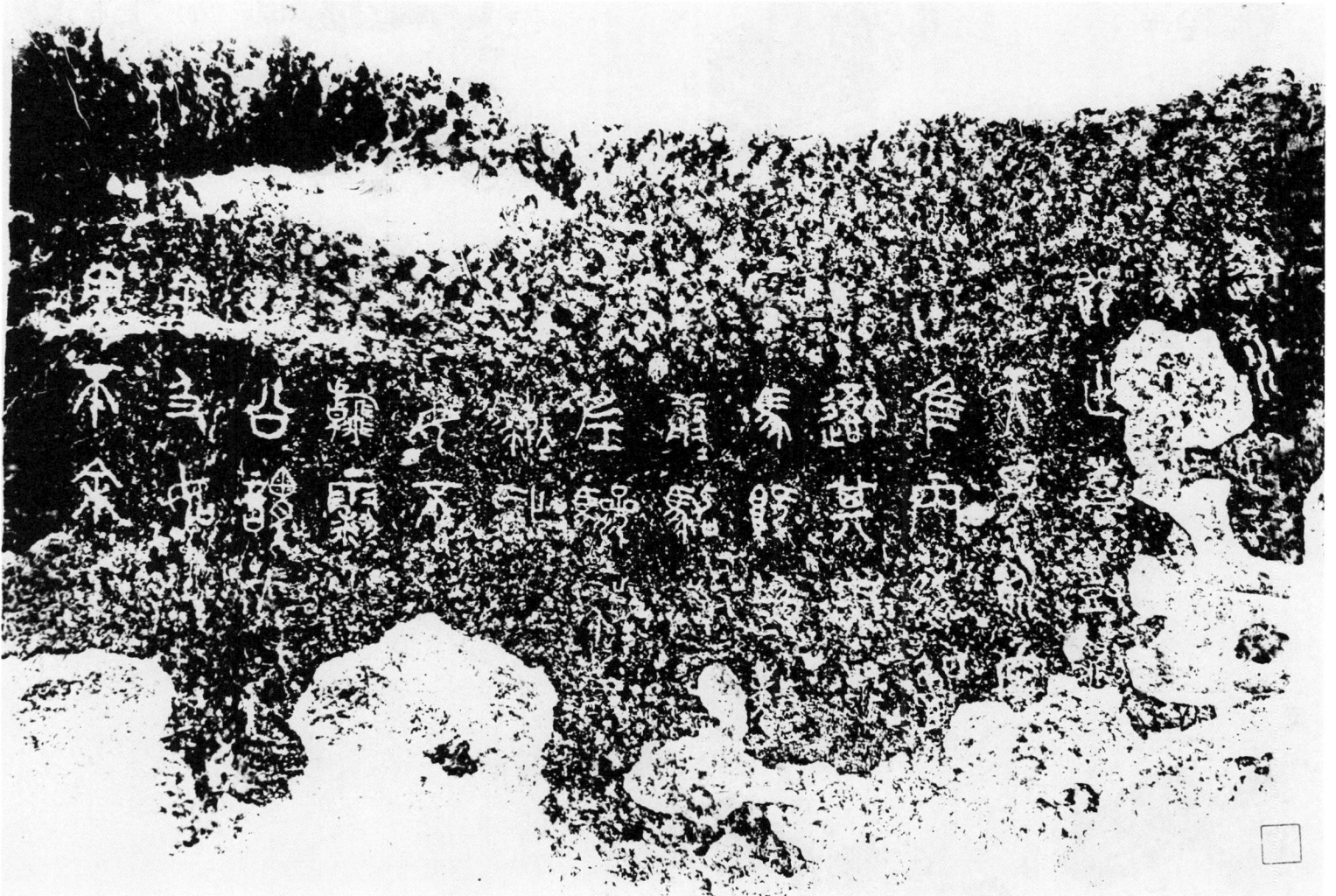

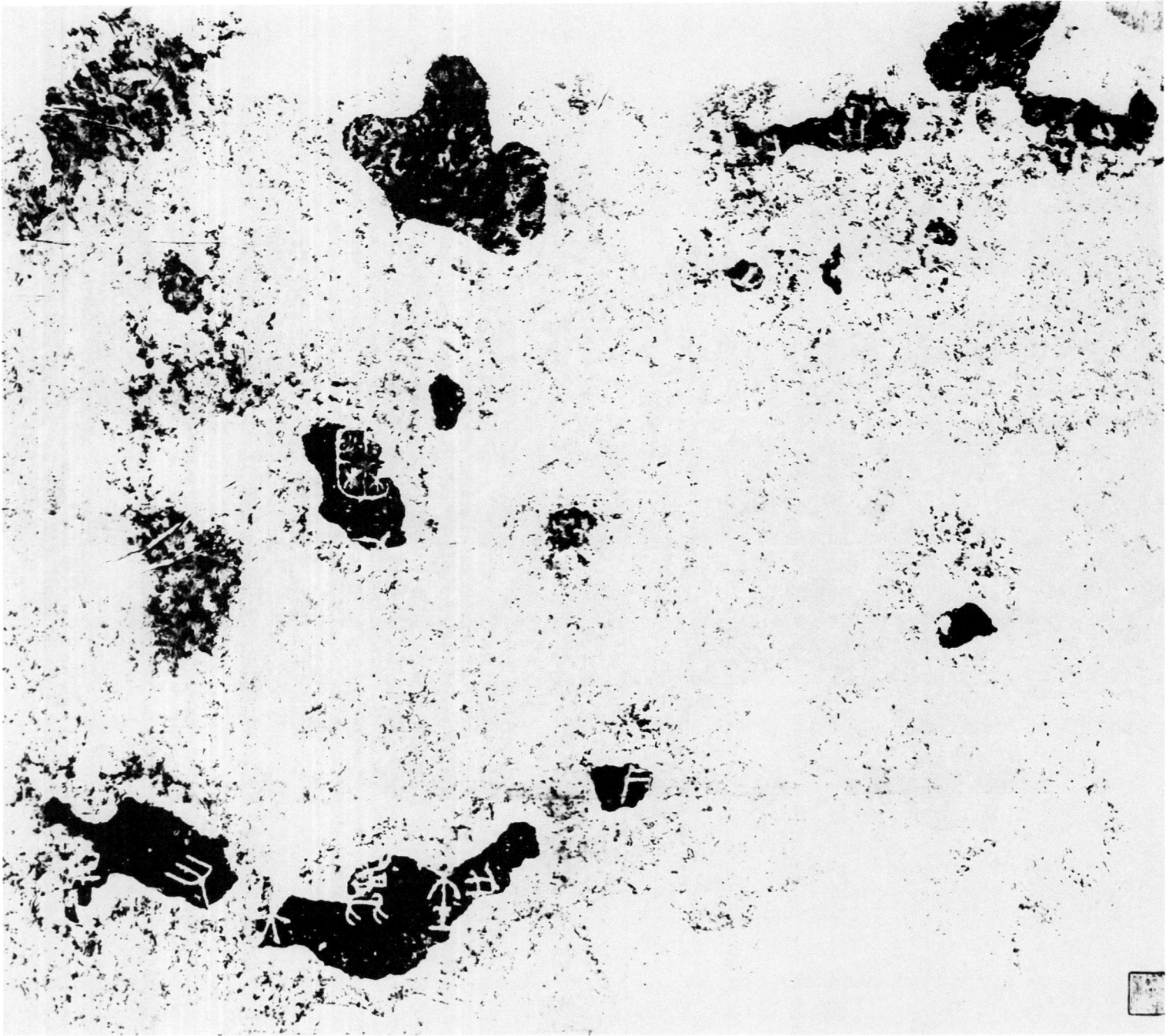

PT/680　泰山刻石（封泰山碑）　（秦）[李斯]書

秦始皇二十八年（前219）刻　山東省泰安市

清末民國拓本　1張　72 cm×51 cm

附刻：清道光十二年（1832）徐宗幹題記

篆書

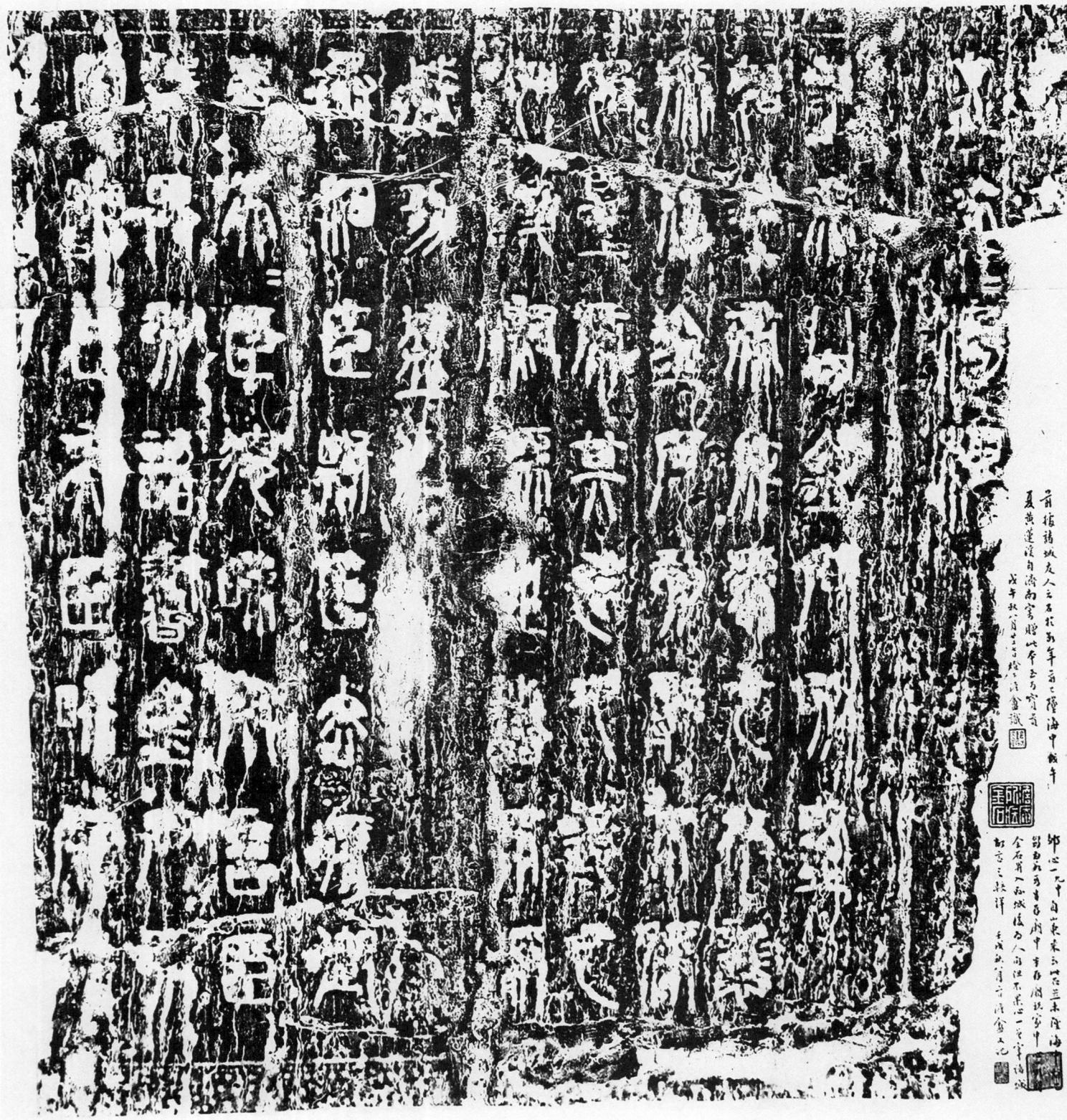

PT/686　琅邪臺刻石　（秦）［李斯］書

秦二世元年（前209）刻　山東省青島市黄島區琅邪鎮

清末民國拓本　1張　74 cm×70 cm

篆書

鈐印：滄盦、滄盦所藏金石、倉氏金石文字

倉永齡題簽：戊午夏蓮溪贈

倉永齡題記一：前據諸城友人云，石於數年前已墜海中，戊午夏黃蓮溪自濟南寄贈此本，至可寶貴。戊午秋八月廿又七日，燈下滄盦識

倉永齡題記二：鄒心一（允中）自山東來，云此石并未墜海中，刻已斷爲數段，半存廟中，半存廟祝家中，心一欲將金石畀入縣城，後爲人所阻，不果。心一曾宰諸城，故言之較詳。壬戌秋八月二日，滄盦又記

PT/681　群臣上醻刻石（婁山刻石）　　佚名撰

西漢文帝後元六年（前 158）刻　河北省邯鄲市永年區

清末民國拓本　　1 張　　129 cm×31 cm

篆書

題：趙廿二年八月丙寅群臣
上醻此石北
鈐印：澹盦金石

ST/698　甘泉山刻石（廣陵中殿石題字）　佚名撰

[西漢元鳳年間（前80—前75）]刻　江蘇省揚州市甘泉山惠照寺出土

清拓本　2張　第一張：68 cm×18 cm，第二張：24 cm×31 cm（右）、22 cm×46 cm（左）

篆隸間書

PT/683　魯孝王刻石（五鳳刻石）　佚名撰

西漢五鳳二年（前56）六月四日刻　山東省濟寧市曲阜市孔廟出土

民國拓本　1張　32 cm×32 cm（右），32 cm×32 cm（左）

鈐印：澹盦金石

附刻：金明昌二年（1191）高德裔題記

隸書

PT/703　賢良方正殘碑　佚名撰

東漢元初二年（115）六月卒　河南省安陽市出土

民國拓本　1張　40 cm×59 cm

隸書

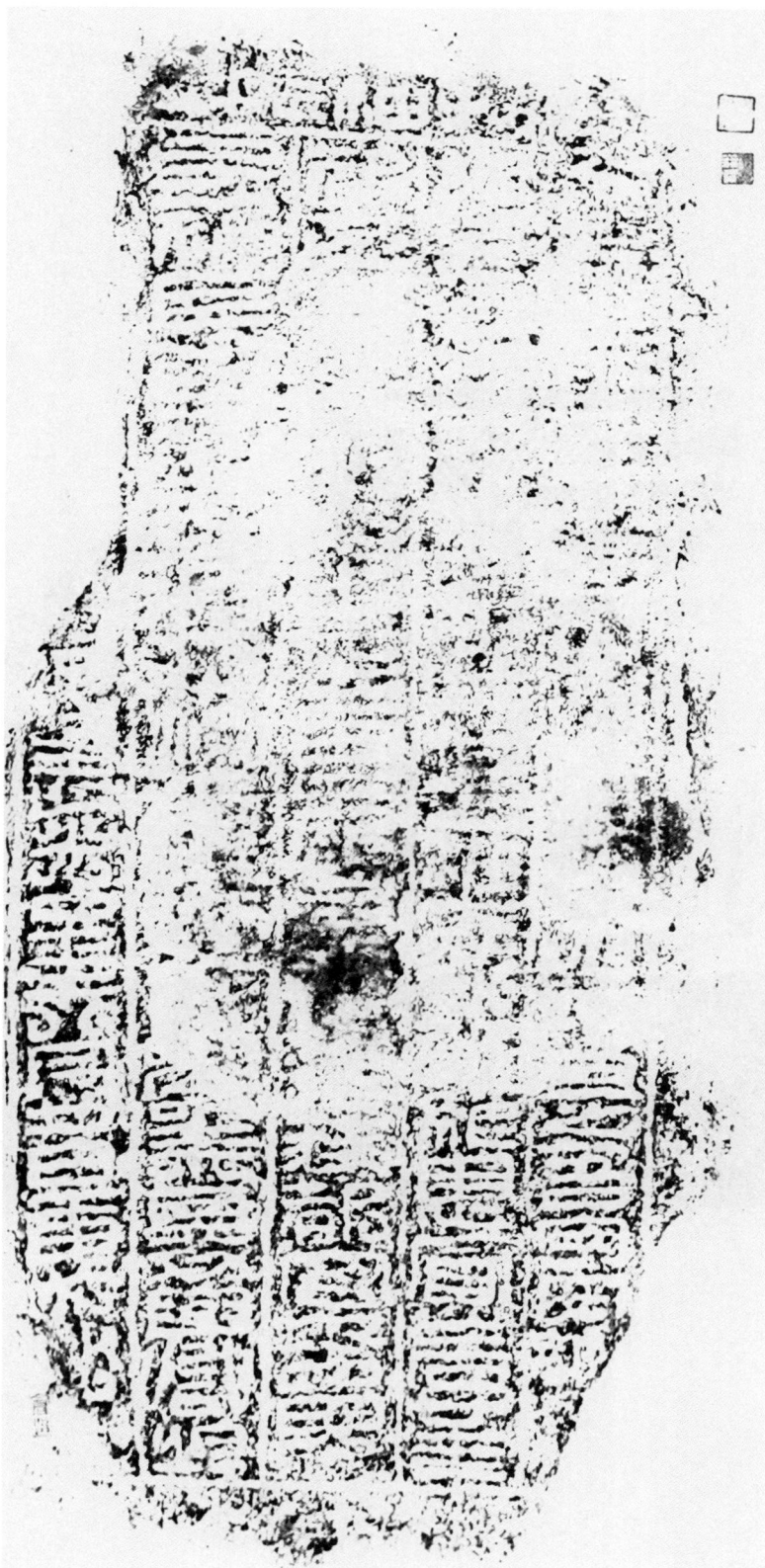

ST/704　延光殘碑（都官是吾殘碑）　佚名撰

東漢延光四年（125）八月二十一日立　山東省濰坊市諸城市出土

清末民國拓本　1張　103 cm×47 cm

篆隸間書

鈐印：澹盦金石、倉印

PT/705　永建五年食堂刻石（永建食堂畫像題字）　佚名撰

東漢永建五年（130）二月二十三日立　山東省濟寧市兩城山出土

清末民國拓本　1張　62 cm×101 cm

附刻：清徐宗幹隸書跋、清楊鐸行書跋，清許瀚釋文并正書跋

隸書

PT/706　宋伯望買田記（莒州漢安三年刻石　定界碑） 佚名撰

東漢漢安三年（144）二月三日刻　山東省日照市莒縣出土

清末民國拓本　4張　73 cm×47 cm（陽），50 cm×30 cm（右），71 cm×33 cm（左），76 cm×46 cm（陰）

隸書

佚名題：漢宋伯望地界刻石

鈐印：錫青、倉氏金石文字、永齡私印

倉永齡題籤：癸丑冬得於濟南；莒州莊氏藏石，共四紙

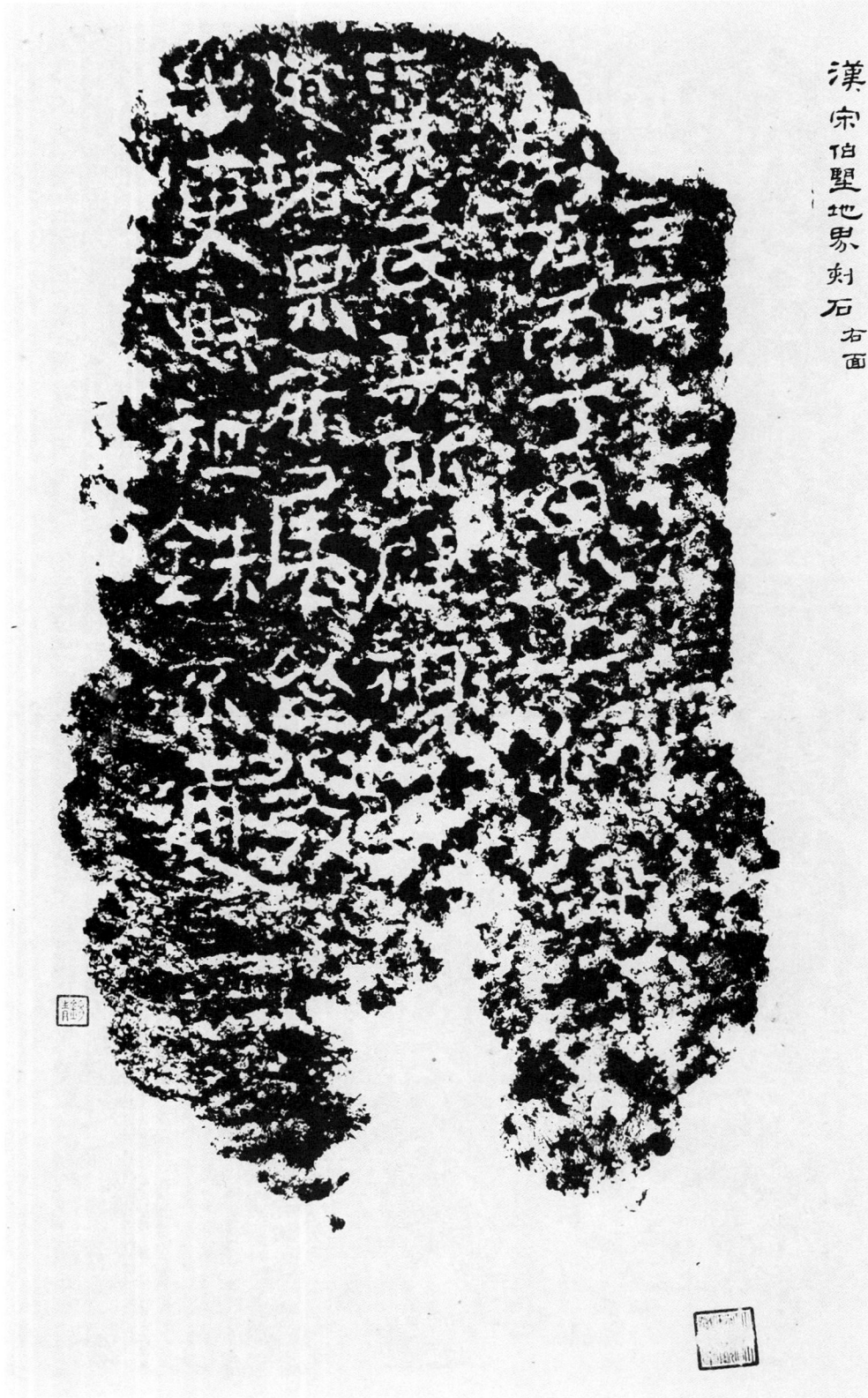

漢宋伯聖地界刻石右面

漢宋伯聖地界刻石 左側

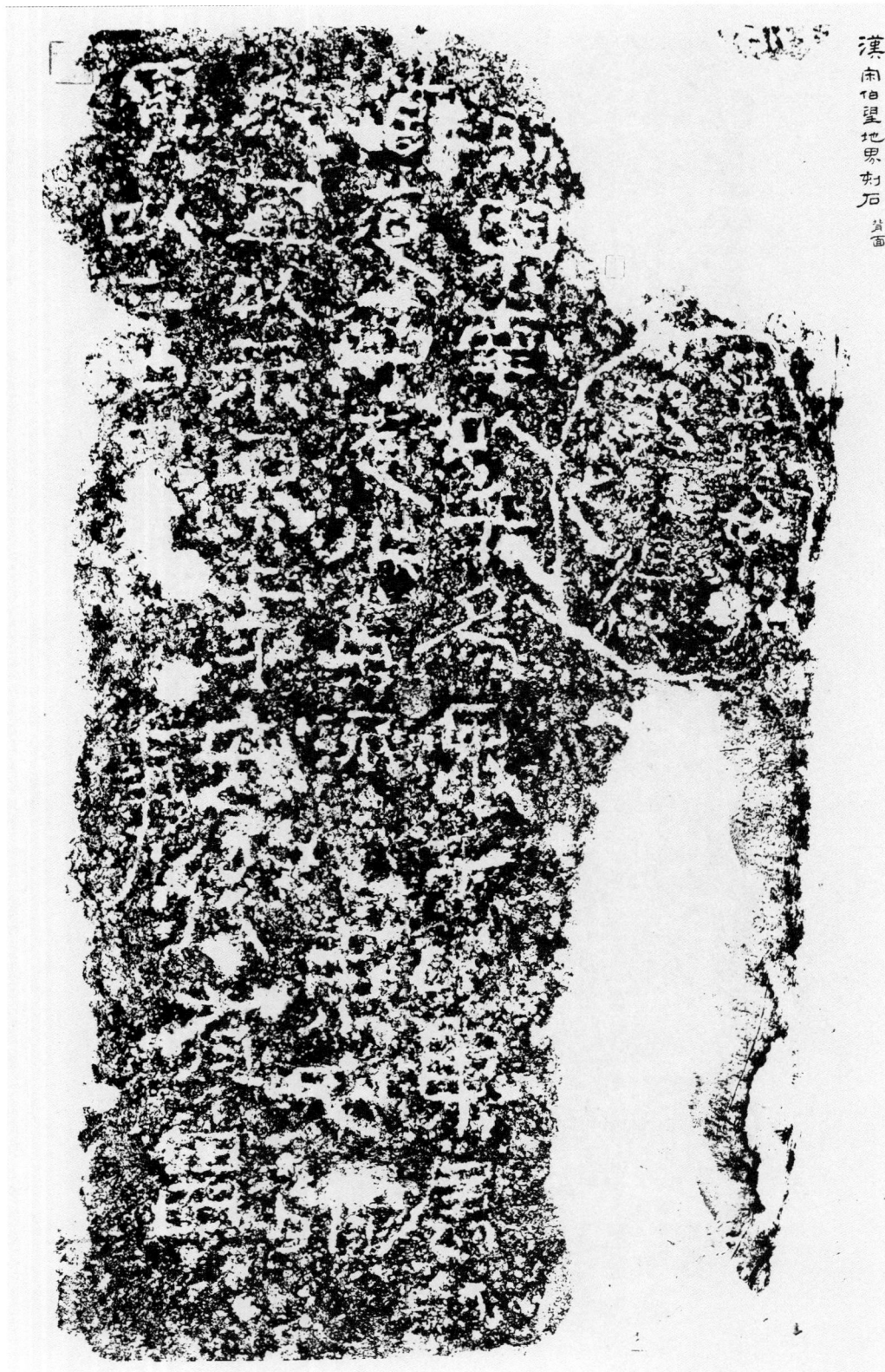

漢南伯望地界刻石 背面

PT/710　孔謙墓碑（孔德讓碑）　佚名撰

東漢永興二年（154）七月卒　山東省濟寧市曲阜市

清末民國拓本　1張　60 cm×41 cm

鈐印：澹盦收藏

隸書

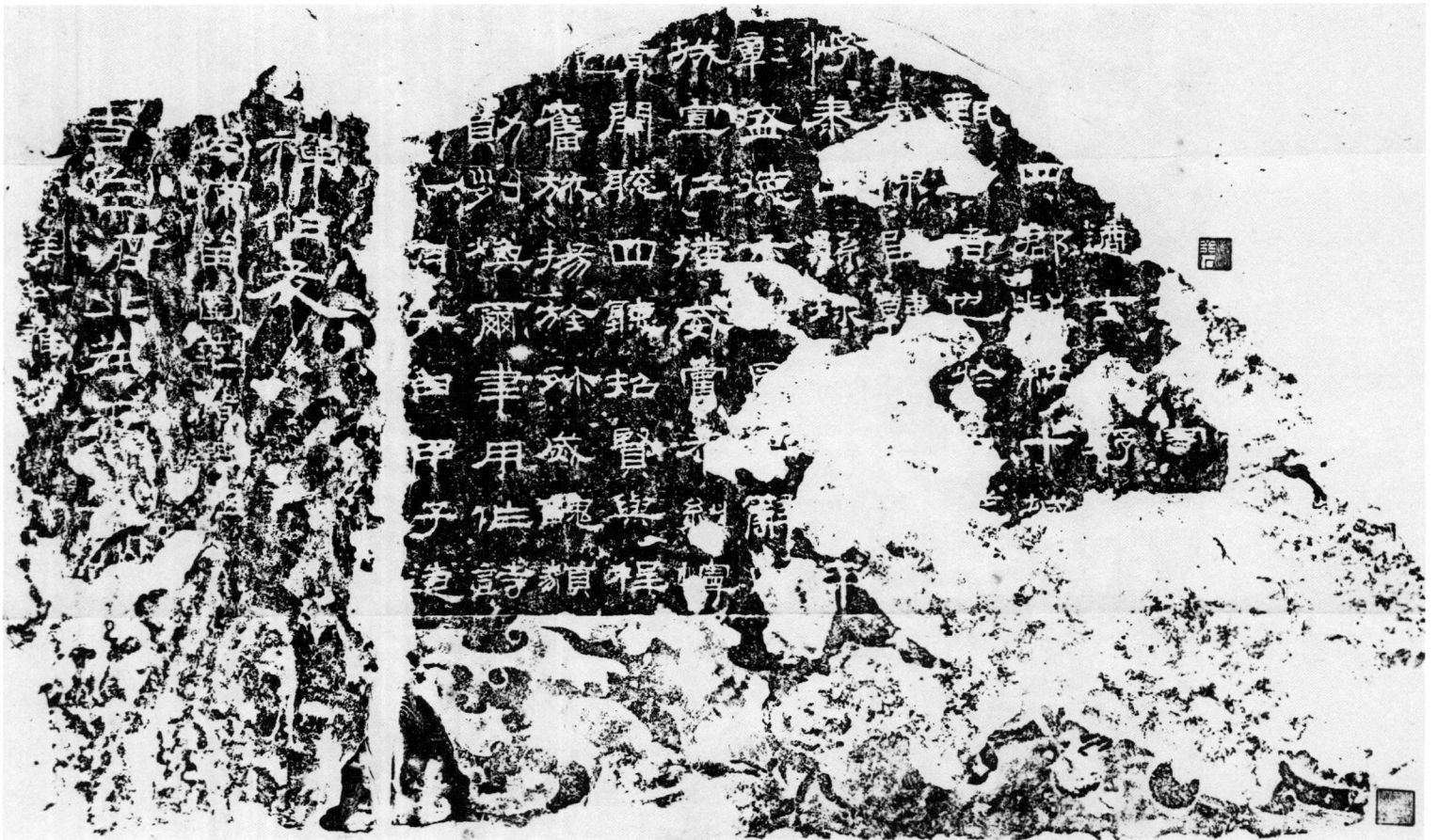

PT/711　楊叔恭殘碑（楊叔恭墓碑）　佚名撰

東漢建寧四年（171）七月六日立　山東省菏澤市鉅野縣出土

清末民國拓本　1張　58 cm×70 cm, 54 cm×25 cm（側）

隸書

鈐印：澹盦金石

倉永齡題簽：按，"六日
甲子"考爲建寧四年；丁巳
得於津沽

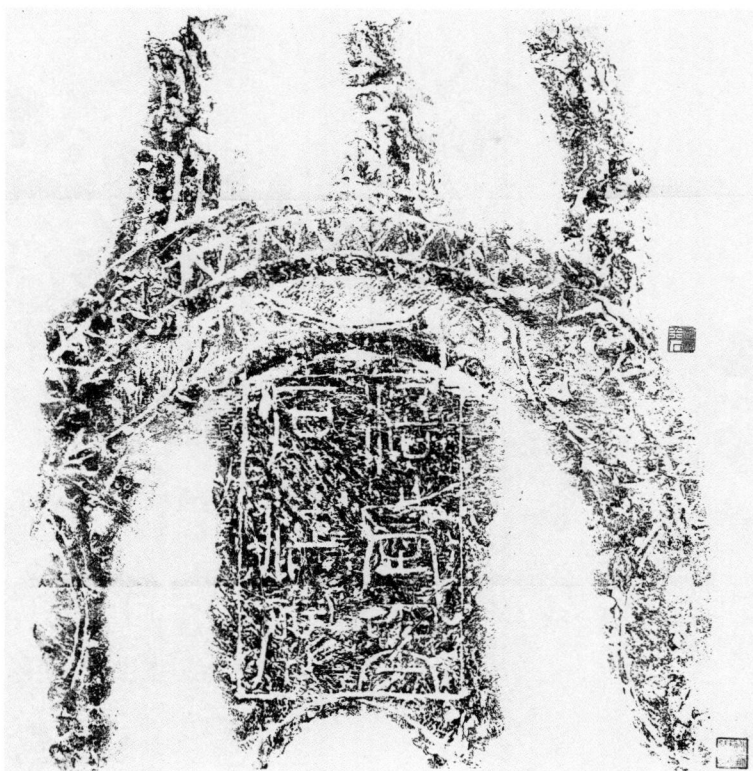

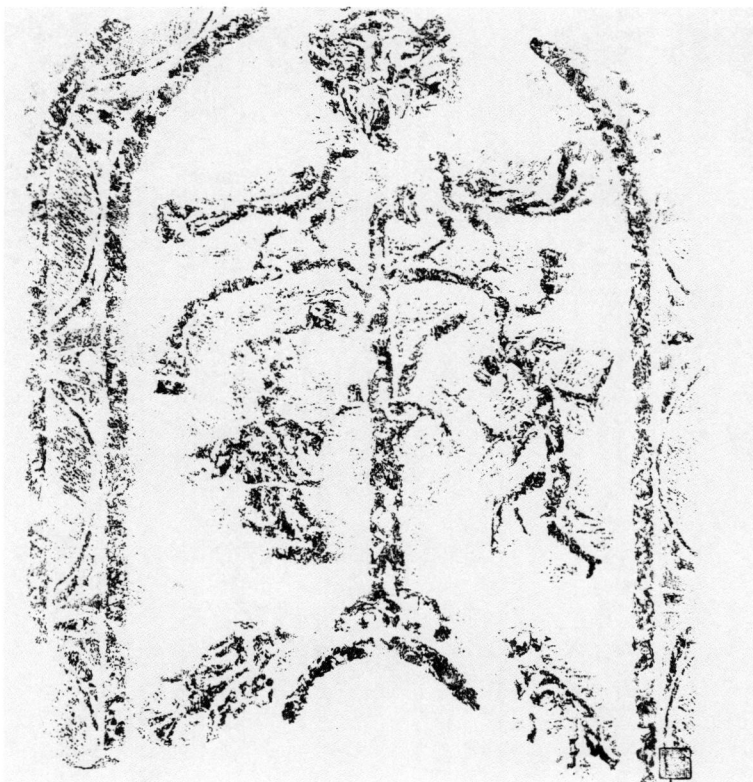

PT/712　梧臺里石社碑（漢梧臺里石社碑碑額）　佚名撰

東漢熹平五年（176）立　山東省淄博市

清末民國拓本　2張　63 cm×53 cm（陽），62 cm×54 cm（陰）

篆書

額題：梧臺里石社碑
鈐印：滄盦金石

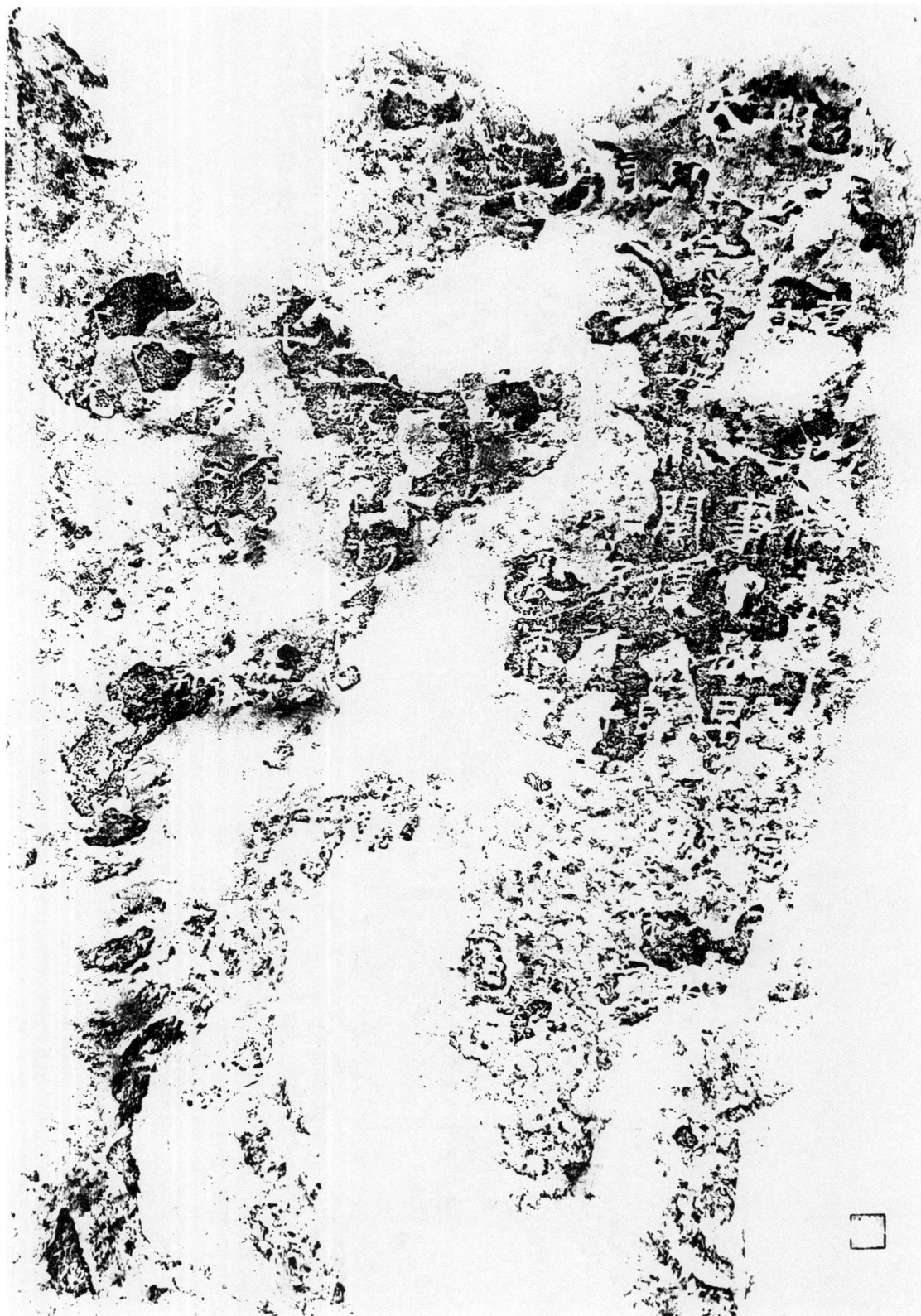

ST/720　劉曜殘碑（光禄勳劉曜殘碑）　佚名撰

漢（前206—220）刻　山東省泰安市東平縣

清末民國拓本　2張　92 cm×63 cm，54 cm×29 cm（跋）

附刻：清同治九年（1870）宋祖駿跋

隸書，附刻正書

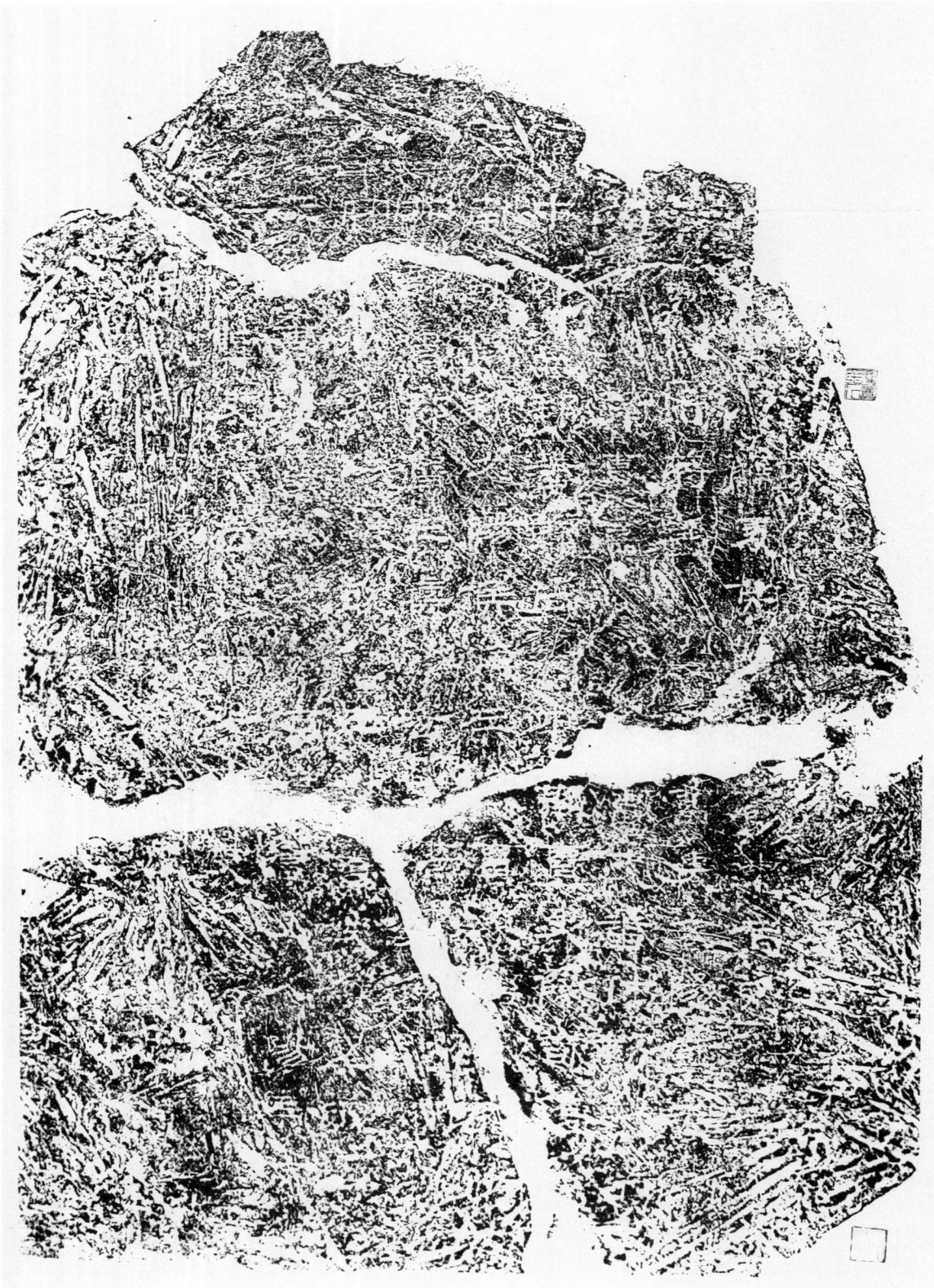

PT/721 竹葉碑（少皞之胄碑殘字 中部督郵殘碑陰） 佚名撰

漢（前206—220）刻 山東省濟寧市曲阜市出土

清末民國拓本 1張 31 cm×23 cm

隸書

鈐印：澹盦金石

ST/717　官吏五百殘石（濟鄉邑等字殘碑）　佚名撰

漢（前206—220）刻　山東省出土

民國八年（1919）王崇烈拓本
1張　25 cm×20 cm（陽），26 cm×20 cm（陰）

隸書

鈐印： 王乐、漢輔所藏金石文字、紙上如聞金石聲、澹盦金石、澹盦

倉永齡題簽： 福山王氏藏石

王崇烈題記一：《東漢黨錮紀事碑》　左拓爲碑陽，右拓爲碑陰，共廿餘字，證以《後漢書》桓、靈本紀及巴肅、張讓等傳，於黨錮事乃字字吻合，無一字無來歷。夫漢石世存無多，皆屬揣測以定，或一二事可相印證者，考古家已奉若拱璧，視此石之與正史相合，又爲當日諸名士傾動一時之事。其可珍寶又何如耶？錫卿表姑丈博雅好古，如暇推闡，考核以彰此石，尤爲慶幸也。福山王崇烈戊午得來，己未拓贈，時正月三日

王崇烈題記二： 又按，《巴肅傳》末云"刺史賈琮刊石立銘"，則在當時刻石紀事原屬應有之舉，況黨禁中敕宥更爲追述，枉屈必不能少者，此石存字太少，不便即指爲賈琮爲巴肅所立之石，然爲漢石則鉄證也。漢輔又識

倉永齡題跋： 右殘石爲漢輔所貽，字體極類《曹景完碑》。漢輔家學淵源，考據精確，信爲漢石無疑。余與漢輔有翰墨緣，惜天不假年，竟於客秋化去，所蓄金石半就散軼，此紙益可珍貴。庚申春偶撿書篋見此，讀漢輔跋爲之愴然者久之。聊識數語，以誌前緣。庚申春二月澹盦識

PT/719　石墻村石刻（中郎等字殘石）　佚名撰

漢（前206—220）刻　山東省濟寧市鄒城市石墻鎮出土

清末民國拓本　1張　48 cm×85 cm

附刻：清道光十四年（1834）孔繼壎題記一則

隸書

PT/716　朱君長刻石　佚名撰

漢（前206—220）刻　山東省濟寧市微山縣出土

清末民國拓本　1張　63 cm×62 cm

附刻：清乾隆五十七年（1792）黃易、錢泳題跋兩則，清翁方綱題記一則，
清光緒二十三年（1897）崔鴻圖觀款一則

隸書

複本：PT/715

PT/687　比干墓題字（殷比干墓）　佚名撰

漢（前206—220）刻　河南省新鄉市衛輝市

清末民國拓本　1張　44 cm×44 cm

隸書

題：殷比干墓
鈐印：錫青、倉永齡印

PT/089　武斑碑（敦煌長史武斑碑）　佚名撰　（漢）紀伯允書

東漢建和元年（147）二月二十三日立　山東省濟寧市嘉祥縣武翟山出土

清末民國拓本　1張　109 cm×63 cm

隸書

鈐印：滄盦金石

PT/090　武斑碑陰題字（武氏碑）　佚名撰

東漢建和元年（147）二月二十三日立，刻字年不詳　山東省濟寧市嘉
祥縣武翟山出土

清末民國拓本　1張　42 cm×18 cm

正書

PT/091　武家林石　佚名撰

東漢建和元年至東漢末年（147—220）立，刻字年不詳　山東省濟寧
市嘉祥縣武翟山出土

清末民國拓本　1張　48 cm×12 cm

正書

ST/144 黃初殘碑 佚名撰

三國魏黃初五年（224）刻　陝西省渭南市合陽縣出土

清末民國拓本　1張　20 cm×14 cm

隸書

鈐印：金波、牛漱光印、澹盦

倉永齡題簽："義"下闕"休"字；天津牛金波藏本，癸丑年得於都門

ST/725　膠東令王君廟門殘碑　佚名撰

三國魏黃初五年（224）立　山東省濟寧市出土

清末民國拓本　1張　42 cm×79 cm

隸書

倉永齡題簽： 山東濟寧

PT/726　正始石經《尚書·無逸》殘石　佚名撰

三國魏正始二年（241）立　河南省洛陽市出土

民國十一年至十二年（1922—1923）拓本　1張　94 cm×49 cm

古篆、篆書、隸書

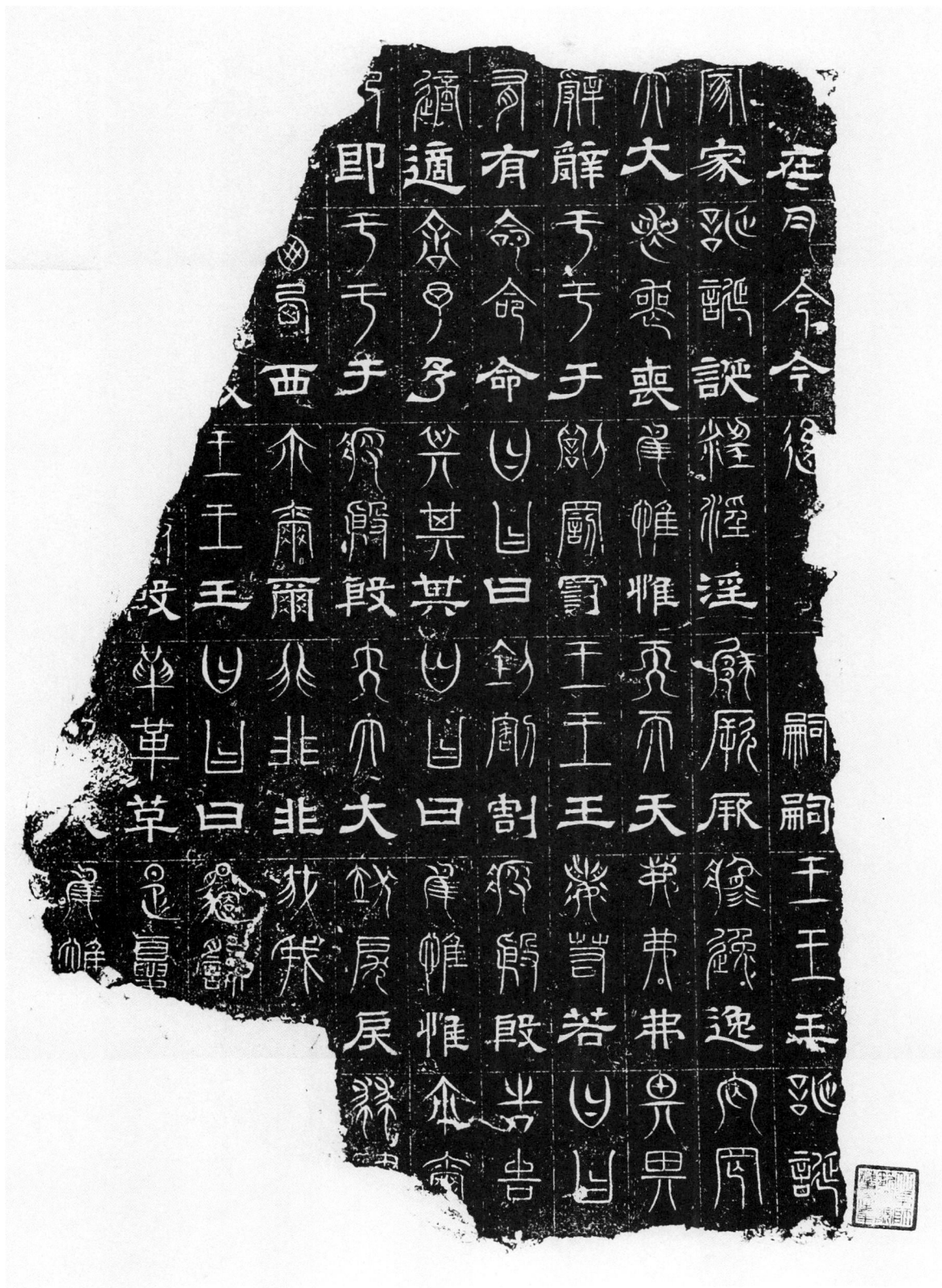

PT/727　正始石經《尚書・多士》殘石　佚名撰

三國魏正始二年（241）立　河南省洛陽市出土

民國十一年至十二年（1922—1923）拓本　1張　110 cm×46 cm

古篆、篆書、隸書

倉永齡題簽： 大篆、小篆、分書三體；洛陽新出土，共四大張、二小張；癸亥得於津門

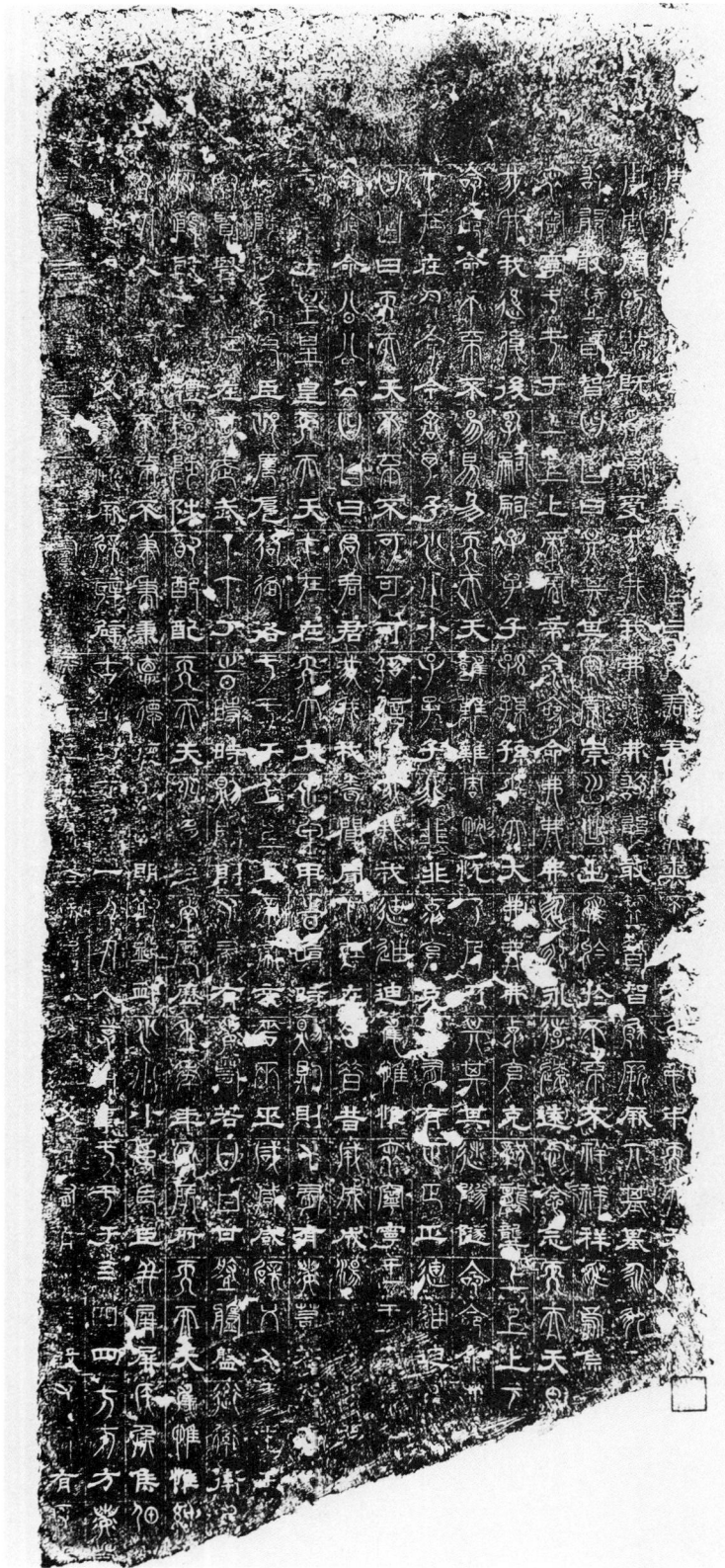

PT/728 正始石經《尚書·君奭》殘石 佚名撰

三國魏正始二年（241）立　河南省洛陽市出土

民國十一年至十二年（1922—1923）拓本　1張　112 cm×48 cm

古篆、篆書、隸書

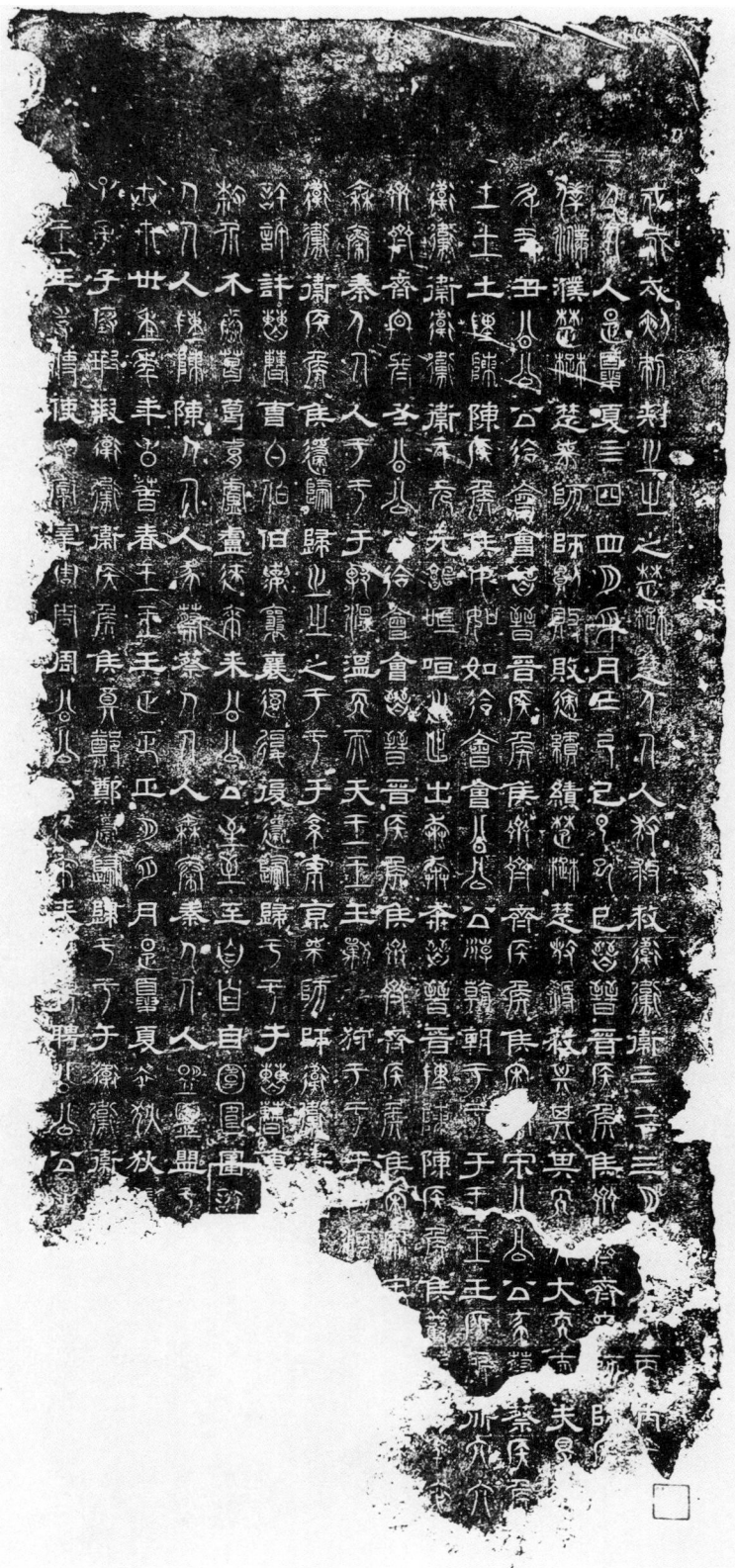

ST/729　正始石經《春秋・僖公》殘石　佚名撰

三國魏正始二年（241）立　河南省洛陽市出土

民國十一年至十二年（1922—1923）拓本　1張　106 cm×47 cm

古篆、篆書、隸書

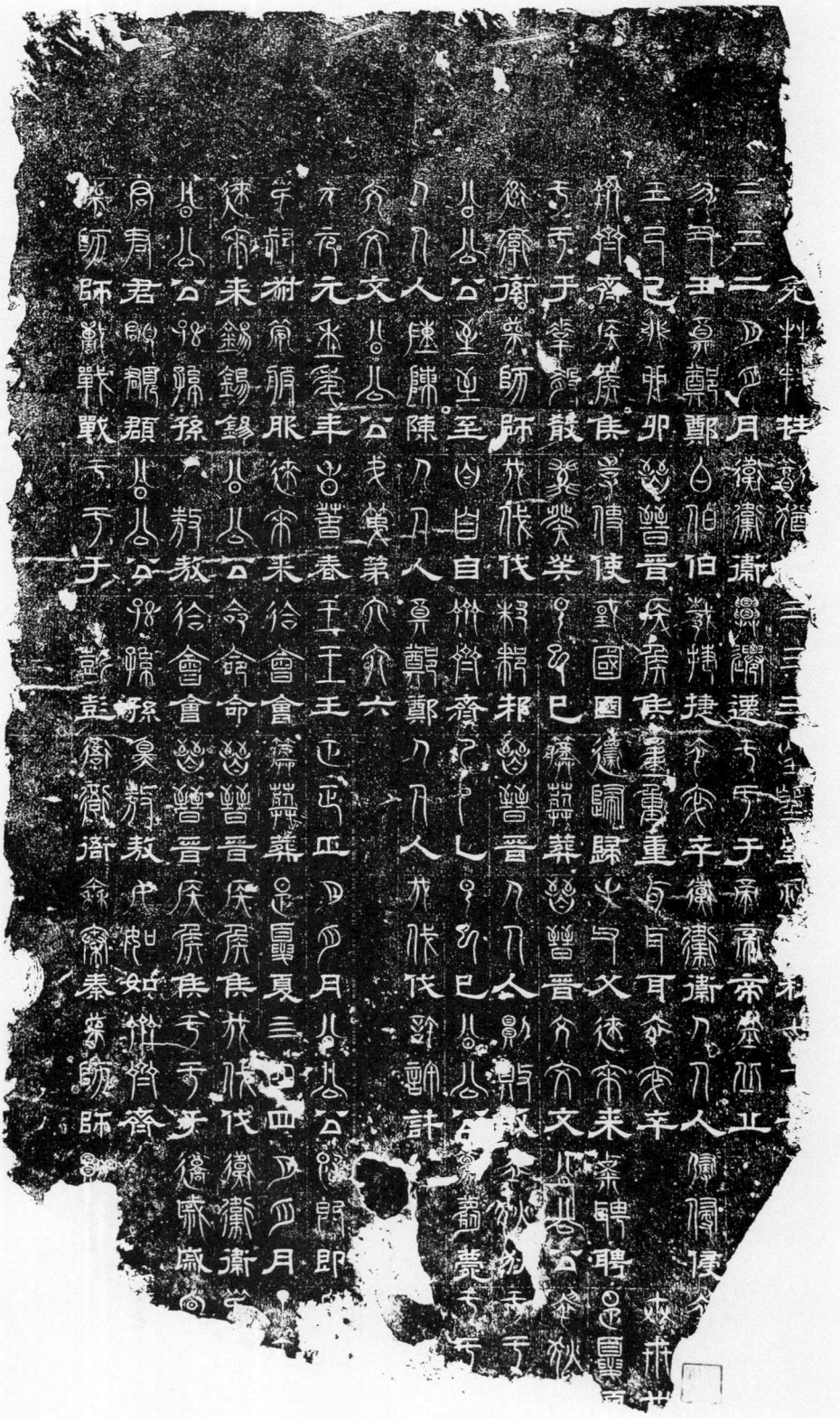

PT/730　正始石經《春秋·僖公　文公》殘石　佚名撰

三國魏正始二年（241）立　河南省洛陽市出土

民國十一年至十二年（1922—1923）拓本　張　87 cm×50 cm

古篆、篆書、隸書

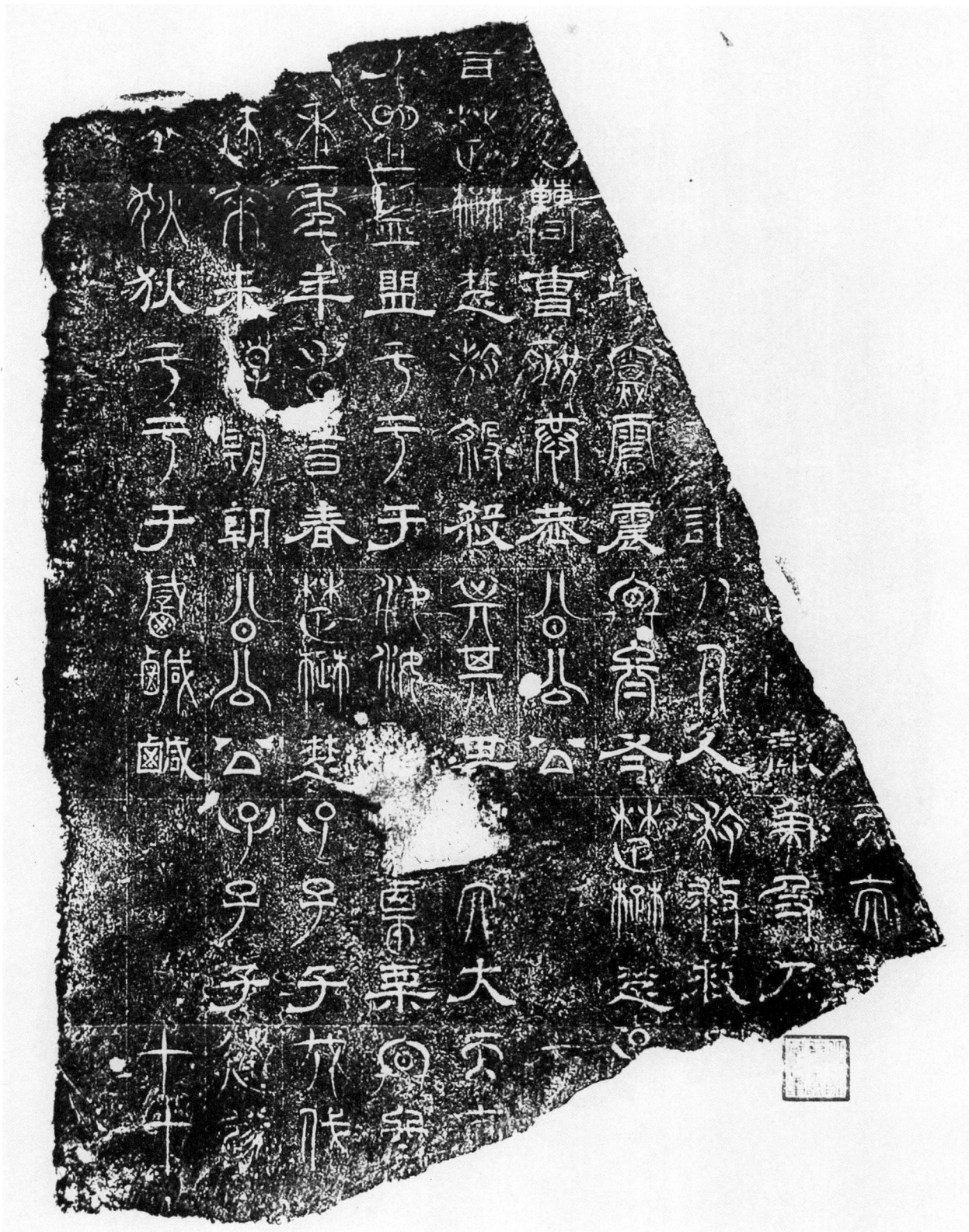

PT/731　正始石經《春秋・文公》殘石　佚名撰

三國魏正始二年（241）立　河南省洛陽市出土

民國十一年至十二年（1922—1923）拓本　1張　46cm×33cm

古篆、篆書、隸書

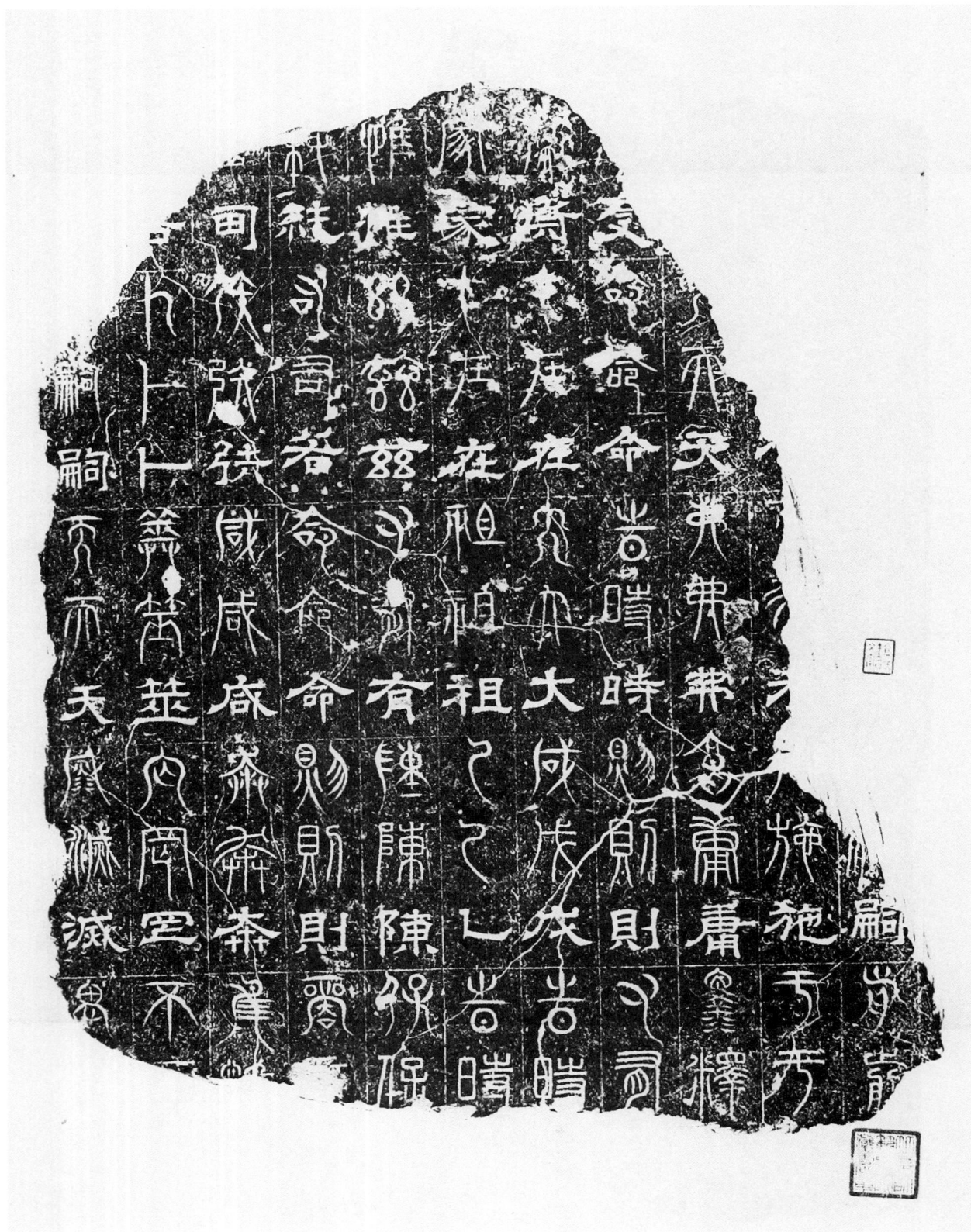

PT/732　正始石經《尚書·君奭》殘石　佚名撰

三國魏正始二年（241）立　河南省洛陽市出土

清末民國拓本　1張　39 cm×32 cm

古篆、篆書、隸書

鈐印：倉氏金石文字

倉永齡題簽：己未冬得於濟南；黃縣丁氏藏石；周書君奭篇；與新出石係一石；光緒中年出土，初爲王廉生所藏，後歸丁氏，現在周季木處

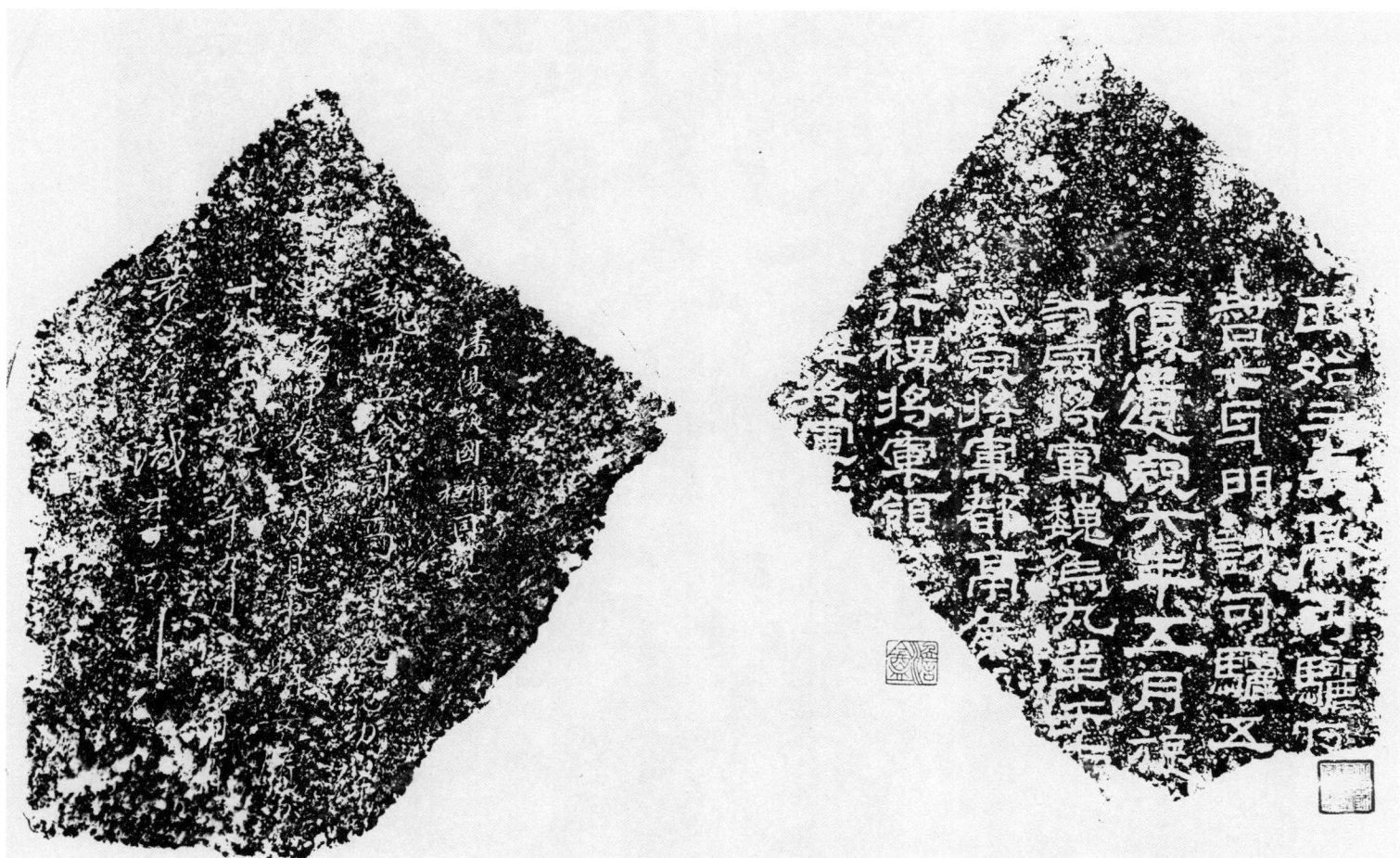

PT/145　毌丘儉紀功碑　佚名撰

三國魏正始六年（245）五月刻　吉林省通化市集安市出土

清末民國拓本　1張　36 cm×30 cm（陽），36 cm×30 cm（陰）

附刻：談國楫、談國桓觀款，民國七年（1918）袁金鎧題字

隸書

鈐印：澹盦
倉永齡題簽：在奉天

PT/146　葛 [祚] 碑額（衡陽太守葛祚碑額） 佚名撰

三國吳（222—280）刻　江蘇省鎮江市句容市出土

清末民國拓本　1張　56 cm×50 cm

正書

額題： 吳故衡陽郡太守葛府君之碑

倉永齡題簽： 乙卯

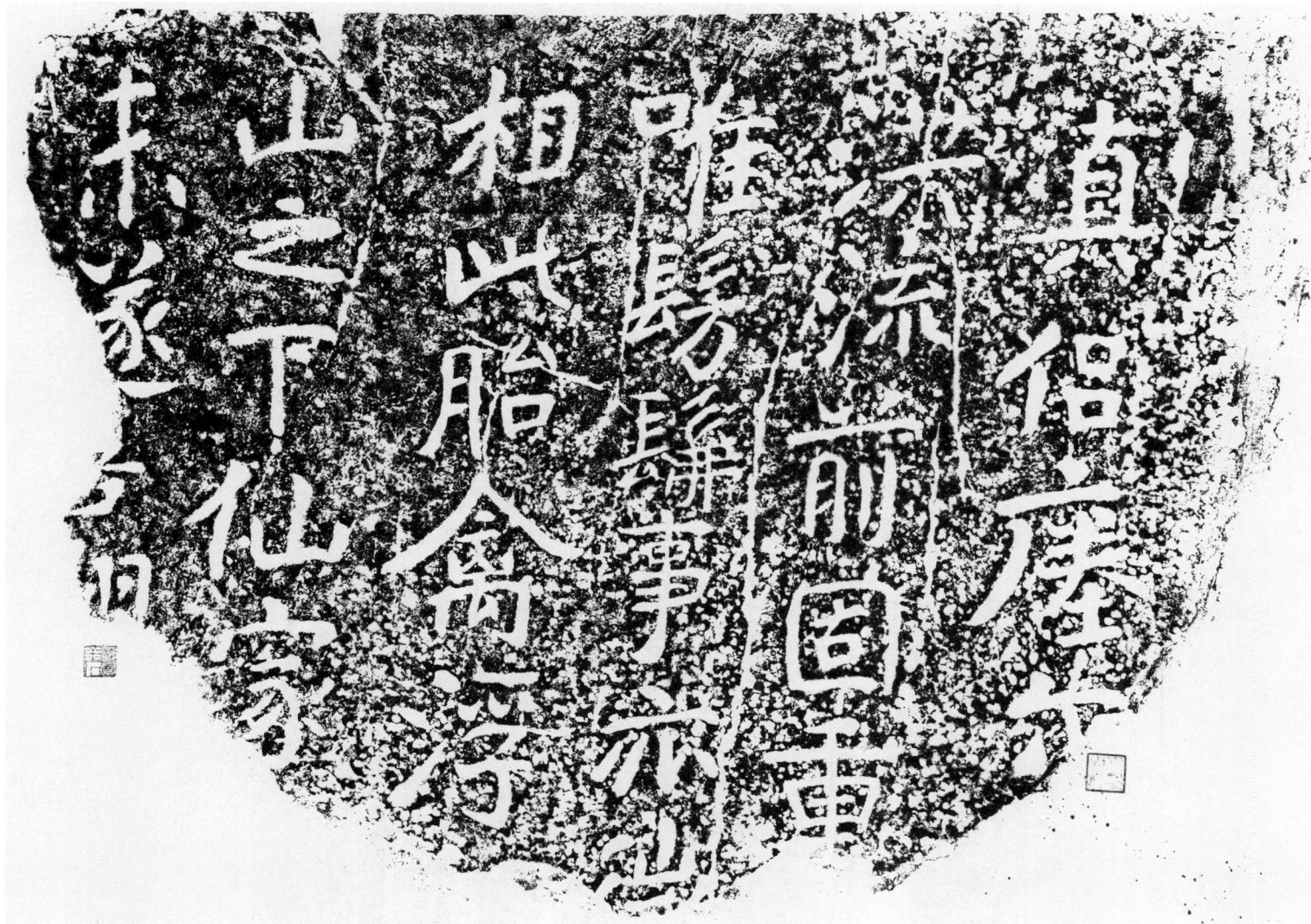

PT/149　瘞鶴銘　（南朝梁）華陽真逸撰　（南朝梁）上皇山樵書

南朝梁天監十三年（514）刻　江蘇省鎮江市焦山

清末民國拓本　5 張　61 cm×83 cm（一），108 cm×62 cm（二），92 cm×58 cm（三），63 cm×52 cm（四），61 cm×37 cm（五）

正書

鈐印：澹盦金石、倉氏金石文字

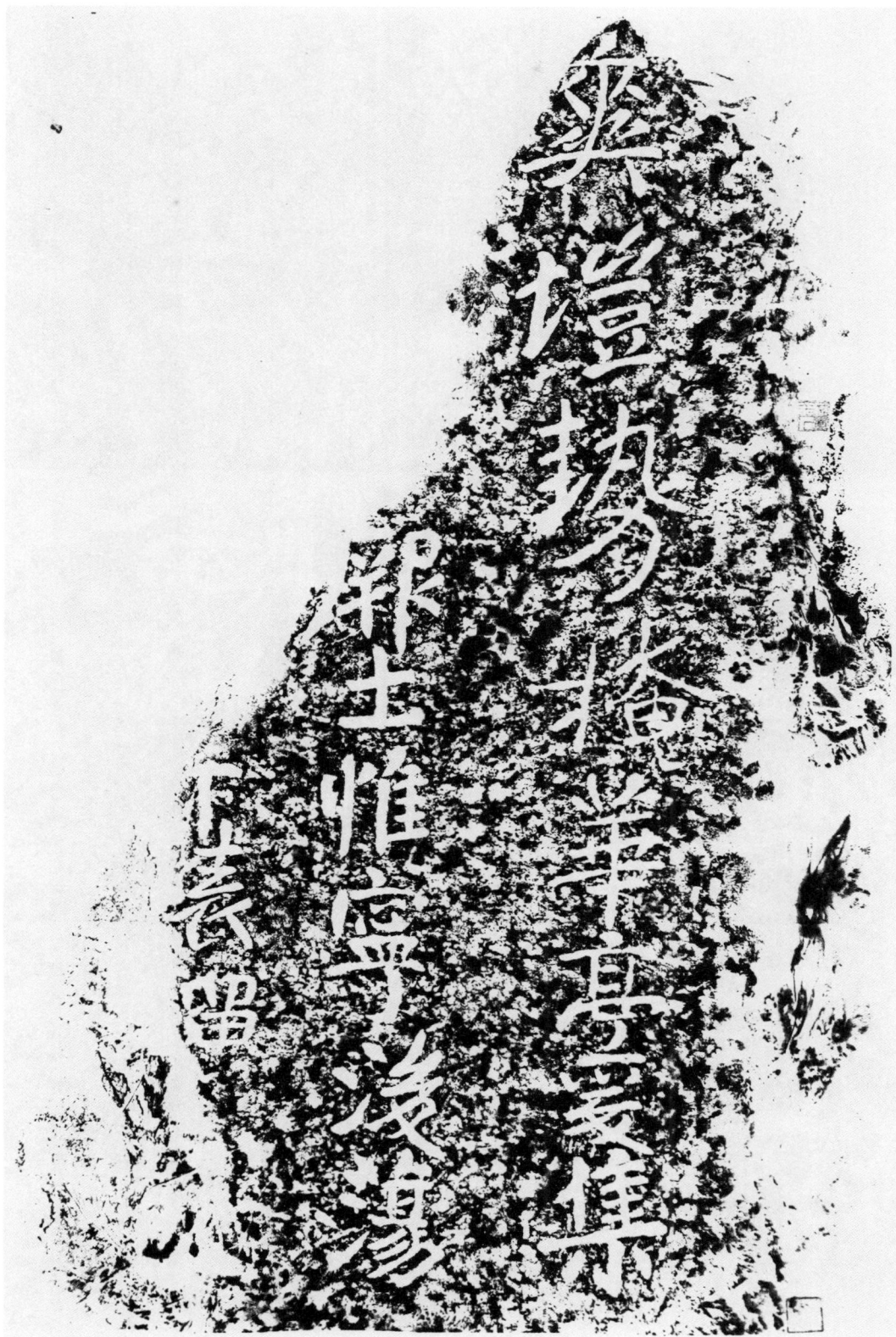

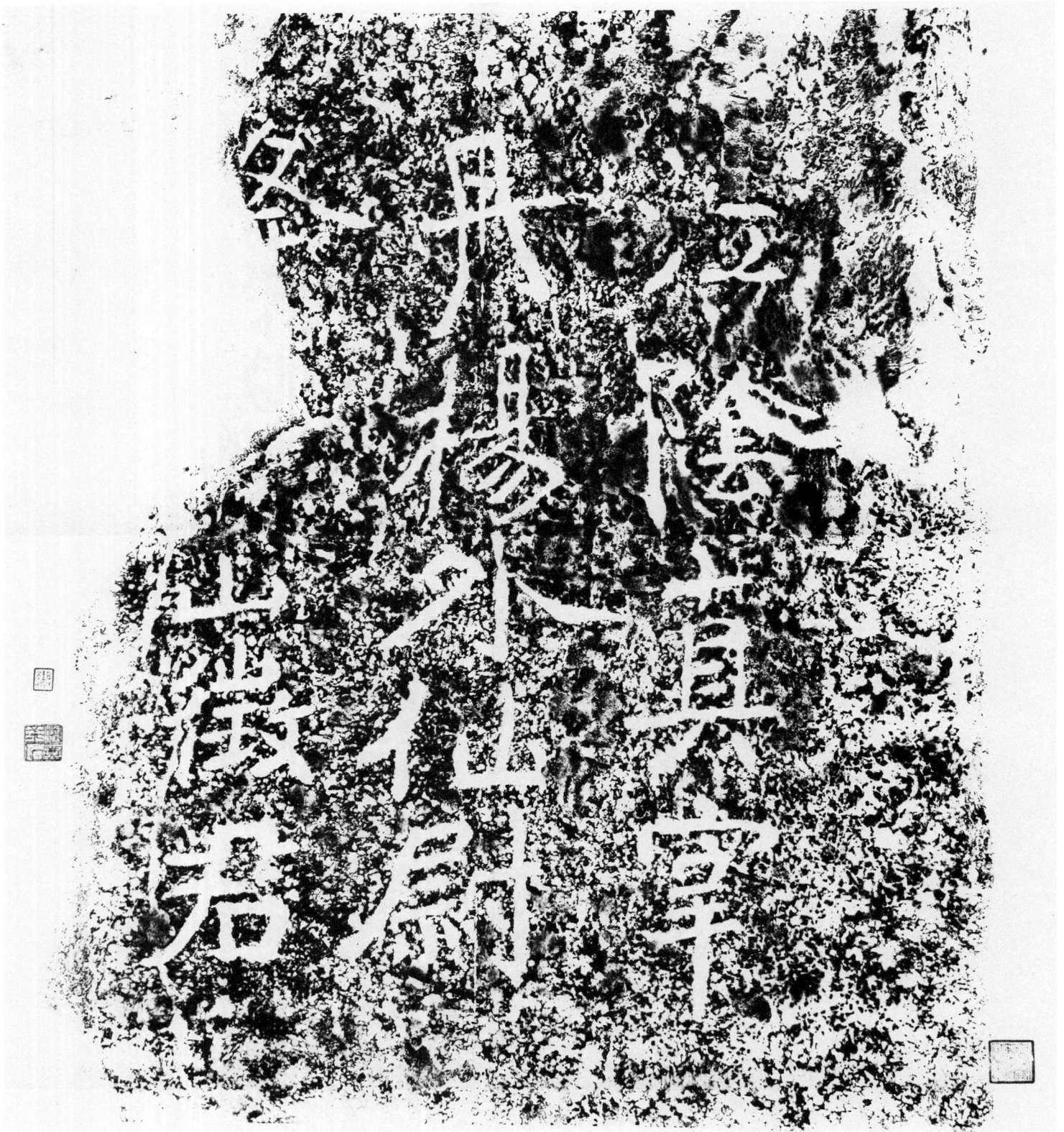

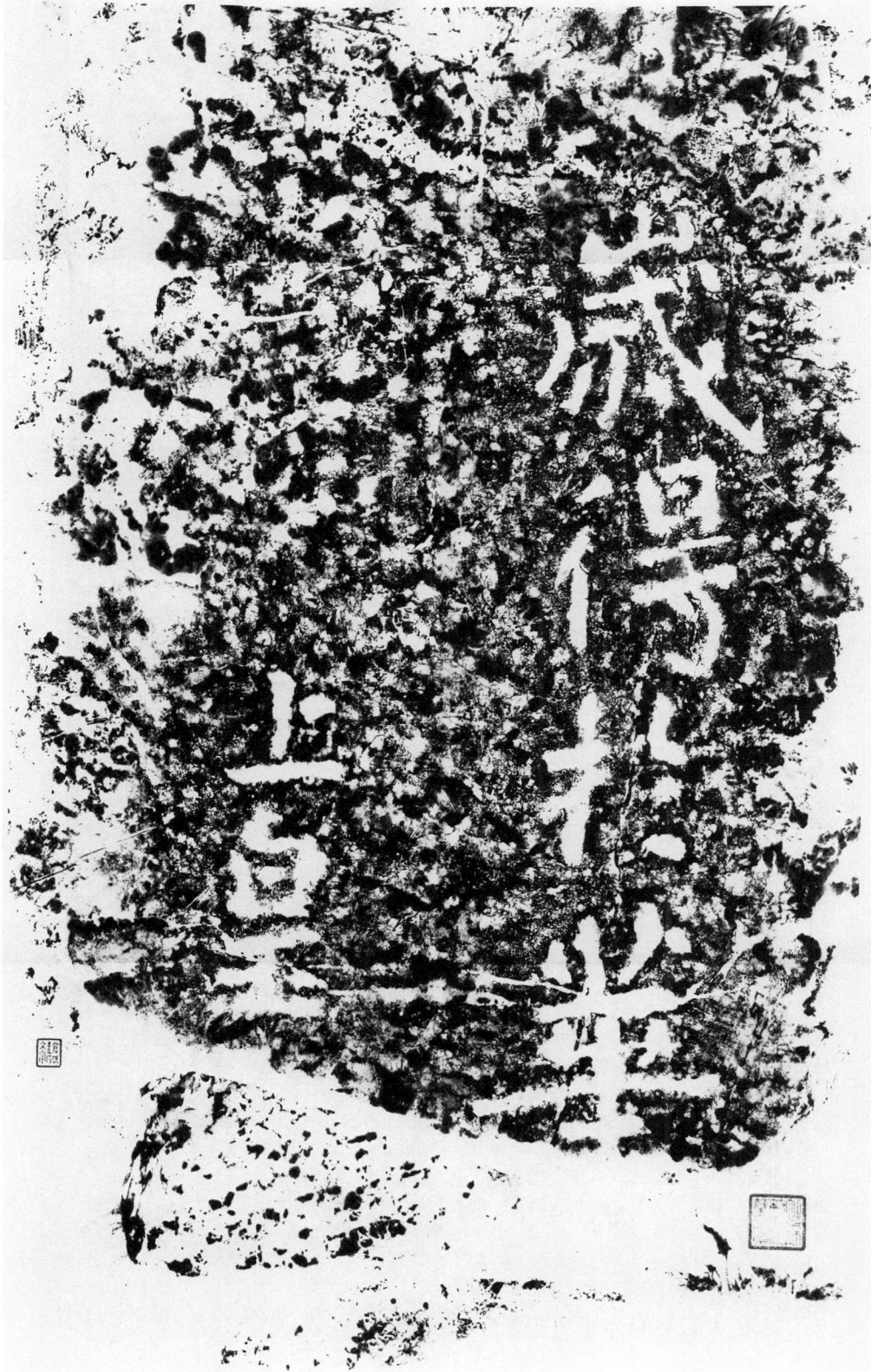

PT/175　程哲碑　佚名撰

東魏天平元年（534）十一月三日刻　山西省長治市長子縣

清末民國拓本　1張　110 cm×63 cm

正書

首題： 假恒農太守程定宗詔假常山太守程文静前祭酒輕車將軍給事中程海珍假太原太守程盖世程進程慶仲等造朔州故平北府長史程鉢字洪根故晋陽令程蠡字士璉故高都令程買字市略故贈代郡太守程府君之碑文

額題： 大魏天平元年歲次甲寅十一月庚辰朔三日壬午造訖

鈐印： 澹盦金石

ST/651　隽敬碑（隽修羅碑）　維摩經見阿門佛品第十［二］
（隽修羅碑陰）　佚名撰　（北齊）隽美生書

北齊皇建元年（560）十二月二十日刻，刻字年不詳　山東省濟寧市泗
水縣

清末民國拓本　2張　117 cm×52 cm（陽），104 cm×53 cm（陰）

正書

額題：大齊鄉老舉孝義隽修
羅之碑
碑陰首題：維摩經見阿門
佛品第十［二］
鈐印：倉氏金石文字
倉永齡題籤：己未冬得於
山左

尒時世尊問維摩詰見阿閦佛品第十
詰言汝如自觀如來為觀如來
今則不住不觀色不觀色如
已過不觀識住不觀受想行識與无明
三毒已離三脫不其之三明
王而雖其之三明
衆玉而非无相不取此非此非不
王智知不可以智知不在方
不彼在以智知不在方
強无翁井淨非
不施不怪不藏
愚不試不欺

PT/002　仲思那等四十人造橋碑　佚名撰

隋開皇六年（586）二月八日造　山東省濟寧市微山縣

清末民國拓本　1張　114 cm×74 cm

正書

首題： 大[隋開]皇六季歲次丙午二月壬午八月己丑充[州]高平縣石里村仲思那等卅人造橋之碑

鈐印： 澹盦金石

ST/004　曹植廟碑　佚名撰

隋開皇十三年（593）立　山東省聊城市東阿縣

清末拓本　1張　165 cm×103 cm

正書兼篆隸

鈐印：澹盦金石、倉永齡印

PT/670　趙芬殘碑（淮安定公趙芬殘碑）　（隋）薛道衡撰

隋開皇十四年（594）刻　陝西省西安市出土

清末民國拓本　1張　84 cm×37 cm（右），79 cm×35 cm（左）

正書

鈐印： 倉氏金石文字、錫青、
倉永齡印

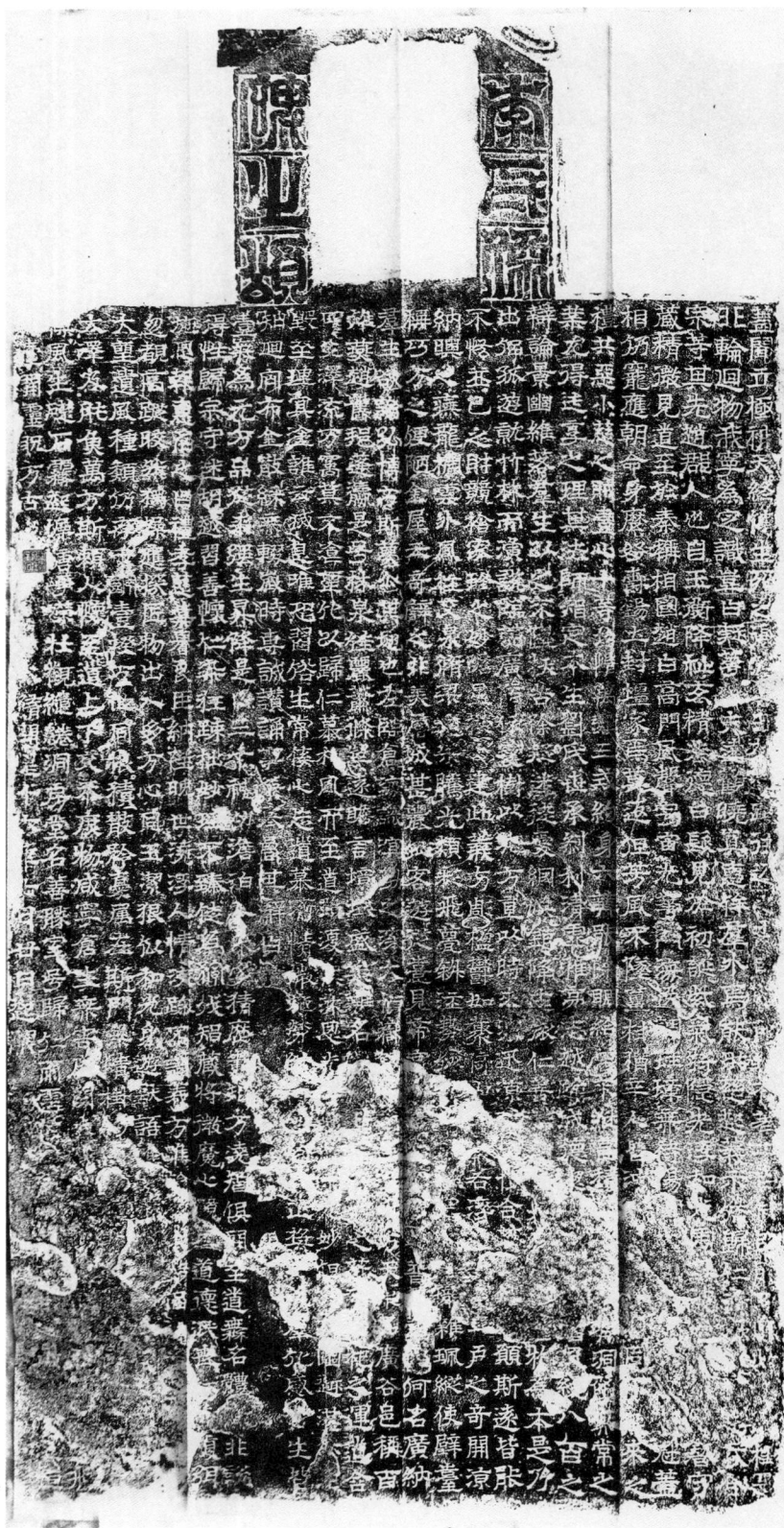

PT/007　李氏像碑（李氏像碑之頌）　　佚名撰

隋開皇十六年（596）七月二十日刻　河北省邢臺市沙河市

清末民國拓本　1張　161 cm×100 cm，38 cm×46 cm（額）

隸書，額篆書

額題：李氏像碑之頌
鈐印：滄盦所藏金石
倉永齡題簽：己未

PT/006　澧水石橋碑　佚名撰

隋［開皇十六年（596）］刻　河北省邢臺市南和縣

清末民國拓本　1張　129 cm×91 cm，33 cm×44 cm（額）

隸書，額篆書

額題：大隋洺州南和縣澧水
石橋碑

鈐印：澹盦金石

PT/008　安喜公李使君碑（李使君墓碑）　佚名撰

隋開皇十七年（597）二月二十五葬　陝西省咸陽市乾縣出土

清末民國拓本　1張　105 cm×76 cm，38 cm×33 cm（額）

隸書，額篆書

額題：大隋安喜公李使君碑
鈐印：澹盦金石

PT/003　陳茂墓碑（上開府梁州刺史陳茂碑）　佚名撰

隋開皇十八年（598）十一月十□日葬　山西省運城市臨猗縣

清末民國拓本　1張　163 cm×74 cm，37 cm×28 cm（額）

正書，額篆書

額題：大隋上開府梁州使君陳公碑
鈐印：永齡私印
倉永齡題簽：壬戌夏得於津門

PT/001　孟顯達墓碑　佚名撰

隋開皇二十年（600）十月二十八日葬　陝西省西安市出土

清宣統二年至民國十一年（1910—1922）拓本　1張　130 cm×67 cm，
37 cm×30 cm（額）

正書，額篆書

額題： 魏故假節龍驤將軍
中散大夫涇州刺史孟君之碑
倉永齡題籤： 壬戌十月得

PT/384　信州舍利塔下銘（信州金輪寺舍利塔銘）　佚名撰

隋仁壽二年（602）四月八日建　重慶市奉節縣白帝城出土

清末民國拓本　1張　44 cm×47 cm

附刻：清同治十二年（1873）呂煇題記

正書

大隋皇帝舍利寶塔下銘

太覺湛然，昭極空有，慈愍庶類，救護君生。雖靈真儀未同減度，而遺形紹隆三寶。敬以大聖乘祐，爰在前後非一。舍利應現，分布諸州，興居之所。仰彌深以仁壽二年歲次壬戌四月八日丁卯，謹於鄧州興國寺奉安舍利，崇建神塔。以此功德，頌四方上下虛空法界一切含識，幽顯生靈，俱免蓋纏，咸登妙果。

PT/385　鄧州舍利塔下銘（鄧州大興國寺舍利塔下銘）　　佚名撰

隋仁壽二年（602）四月八日建　河南省南陽市鄧州市興國寺

清末民國拓本　1張　58 cm×58 cm

正書

首題：大隋皇帝舍利寶塔下銘
鈐印：倉氏金石文字
倉永齡題簽：石在河南藩署；河南

PT/388　觀音寺碣　（唐）陸德明撰

唐武德五年（622）建　河南省鄭州市滎陽市

清末民國拓本　1張　50 cm×53 cm

正書

首題：新建觀音寺碣
倉永齡題簽：在河南汜水

PT/009　元始天尊像碑（景雲觀天尊碑）　佚名撰

唐貞觀八年（634）九月二日刻　山西省運城市絳縣

清末民國拓本　1張　111 cm×63 cm

正書

首題： 維大唐貞觀八年歲次
甲午九月庚午朔二日辛未祀
觀元始天尊素像之碑
鈐印： 澹盦金石

PT/010　姜行本紀功碑（左屯衛將軍姜行本紀功碑　天山碑）
（唐）司馬太貞撰

唐貞觀十四年（640）六月二十五日立　新疆維吾爾自治區哈密市

清末民國拓本　1張　166 cm×52 cm

正書

額題： 大唐左屯衛將［軍］
姜行［本勒］石之［紀］文
鈐印： 滄盦金石、倉永齡印
倉永齡題簽： 碑，甘肅巴
里坤；辛酉年得於都門

ST/011　陸讓碑（文州總管陸讓碑）　（唐）蕭鈞撰　（唐）郭儼書

唐貞觀十七年（643）十一月二十六日葬　陝西省咸陽市三原縣獻陵

清末民國拓本　1張　112 cm×92 cm，34 cm×30 cm（額）

正書

額題： 隋文州總管光禄卿陸使君碑

鈐印： 澹盦金石

倉永齡題簽：（貞觀十七年）或作二十七年；按，貞觀無二十七年；癸卯乃十七年；壬戌年得於都門

PT/012　魏法師碑（潤州仁静觀魏法師碑）　（唐）胡楚賓撰
（唐）張德言書　（唐）徐秀昉鐫

唐儀鳳二年（677）十一月十五日立　江蘇省鎮江市

清末民國拓本　2張　215 cm×82 cm（陽），196 cm×80 cm（陰）

正書，額篆書

首題： 大唐潤州仁静觀魏法
師碑并序
額題： 魏法師碑
鈐印： 倉永齡印、錫青、澹
盦金石
倉永齡題簽： 丙寅秋得於
金陵；江蘇丹徒縣

PT/389　唐聖帝感舍利之銘（舍利塔銘　唐梵境寺舍利銘）

（唐）張毅撰

唐儀鳳三年（678）四月八日葬　山西省長治市出土

清末民國拓本　1張　64 cm×58 cm

行書

首題： 大唐聖帝感舍利之銘
鈐印： 倉氏金石文字
倉永齡題簽： 辛酉所得

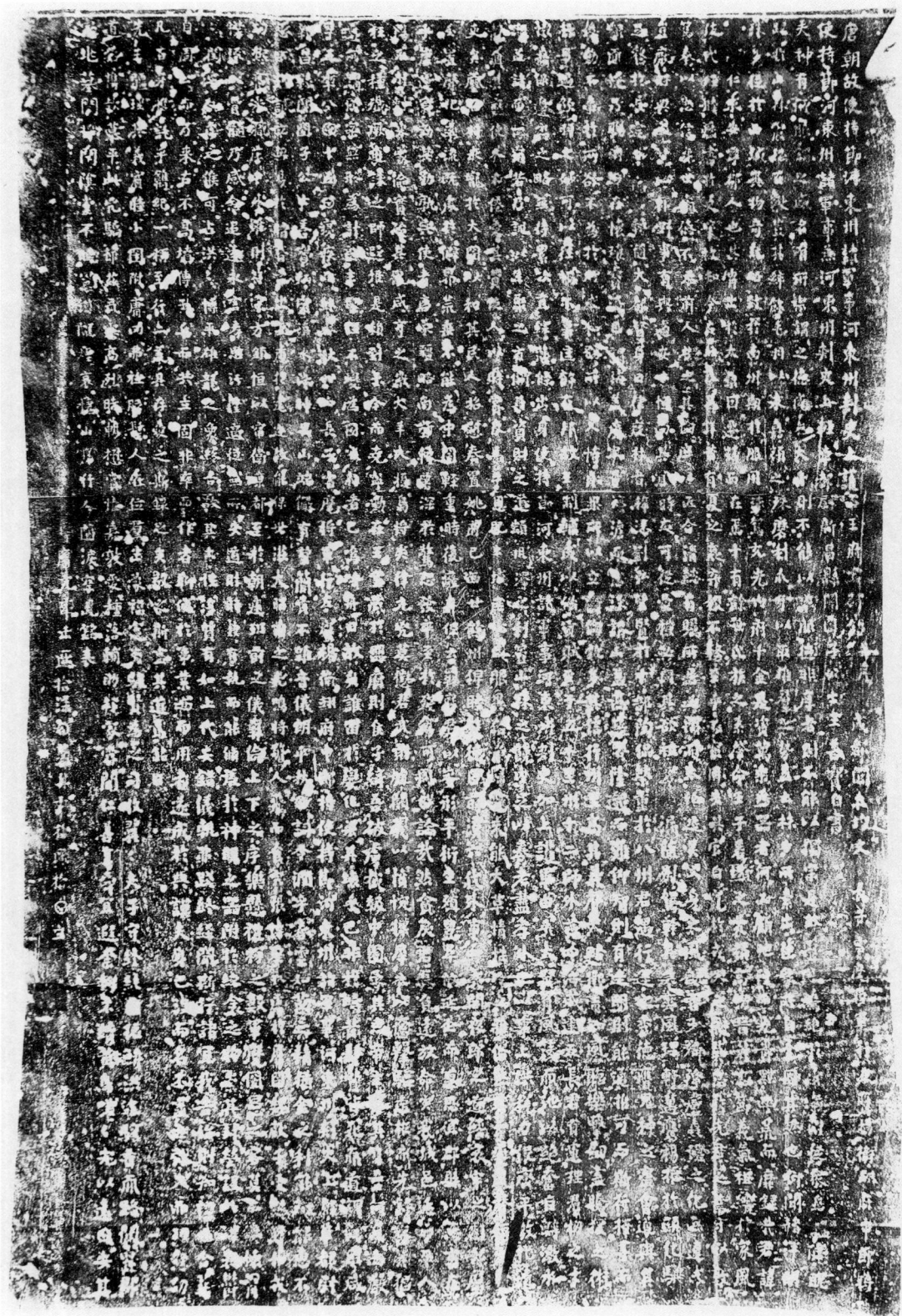

ST/015　王仁求墓碑（河東州刺史王仁求碑）　（唐）閭丘均撰
（唐）王善寶書

唐聖曆元年（698）十月十日立　雲南省昆明市安寧市

清末民國拓本　1張　167 cm×109 cm

正書

首題： 唐朝故使持節河東州
輔軍事河東州刺史上護軍王
府君碑銘并序

倉永齡題簽： 壬戌十月得

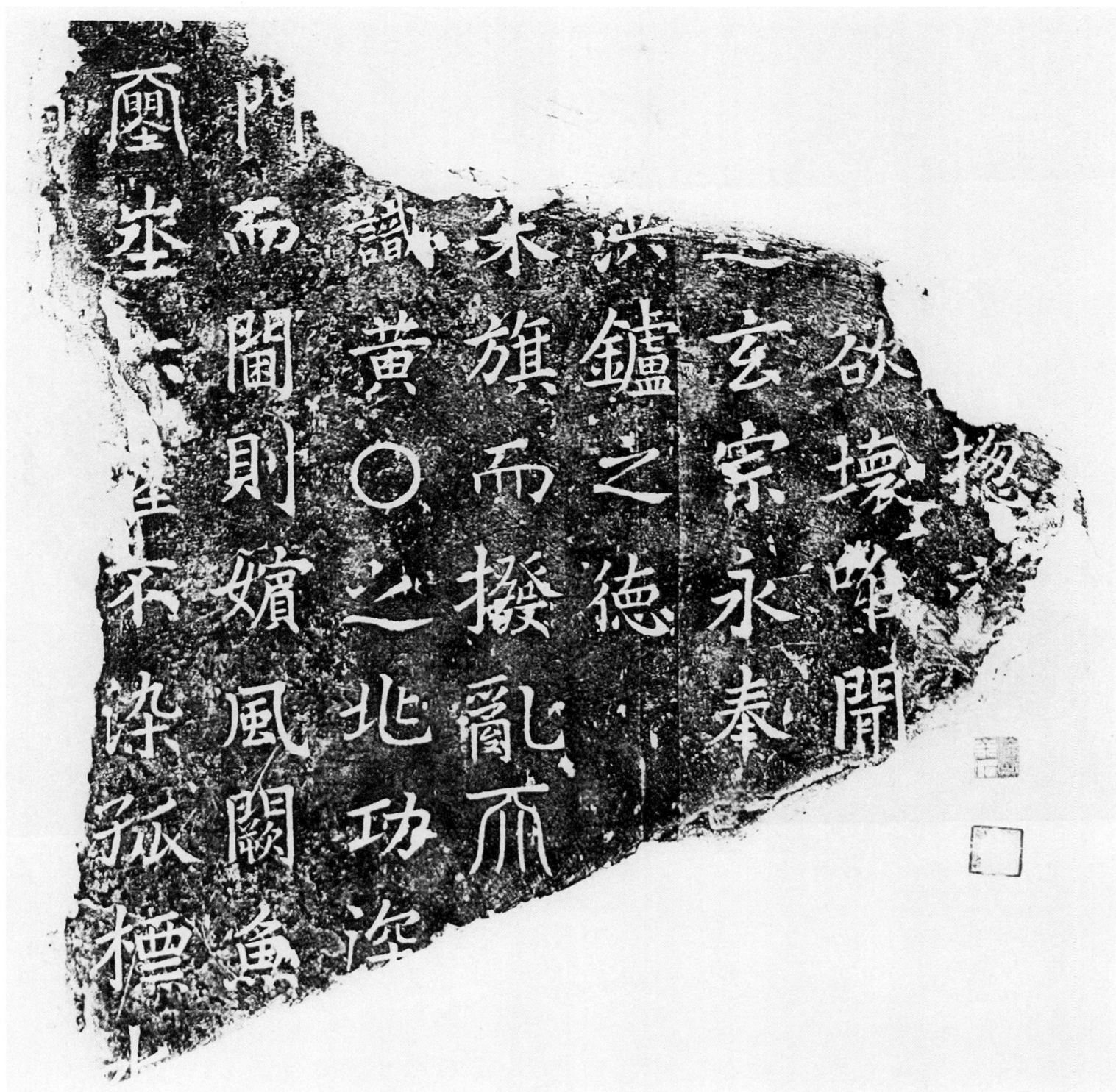

PT/391　順陵殘碑（武則天母楊氏碑　武士彠妻 [武曌母] 楊氏碑　楊氏殘碑　孝明高皇后碑）（唐）武三思撰　（唐）李旦書

唐長安二年（702）正月五日立　陝西省西咸新區順陵

清末民國拓本　5張　54 cm×51 cm（一），52 cm×105 cm（二），45 cm×61 cm（三），48 cm×31 cm（四），60 cm×50 cm（五）

正書

鈐印：澹盦金石

倉永齡題簽：
殘碑一：《粹編》爲四十六字，此石存四十一字，與姚跋同
殘碑二：此與存五十一字者原爲一石，後裂爲二；此石存六十三字，較姚跋少二字
殘碑三：較姚跋少一字；此石存五十一字
殘碑四：《粹編》存三十六字，姚氏跋存廿五字，今又損八字；此石存十七字，又三半字
殘碑五：審其字體爲順陵殘碑；此石後出，《粹編》不載，存廿七字

073

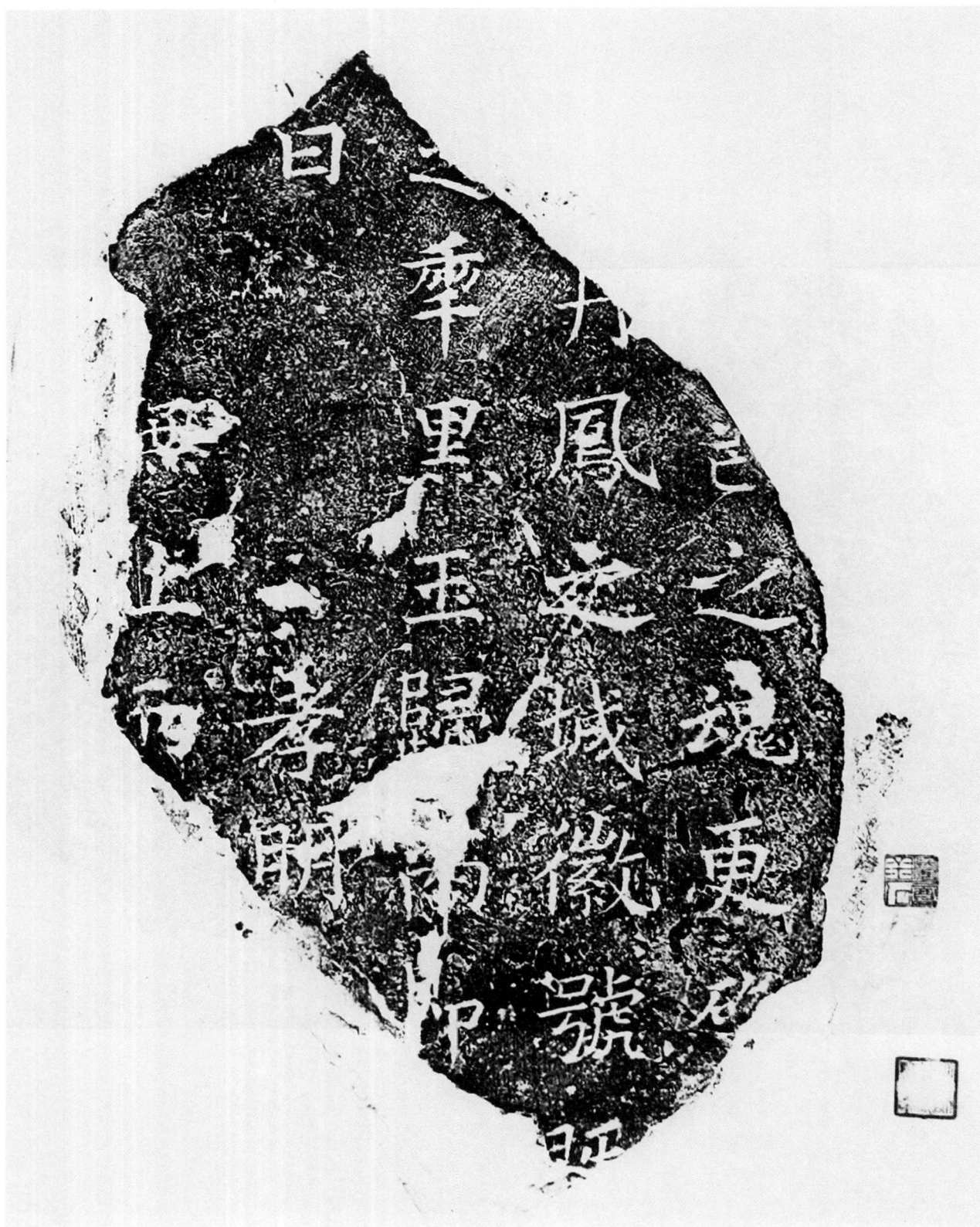

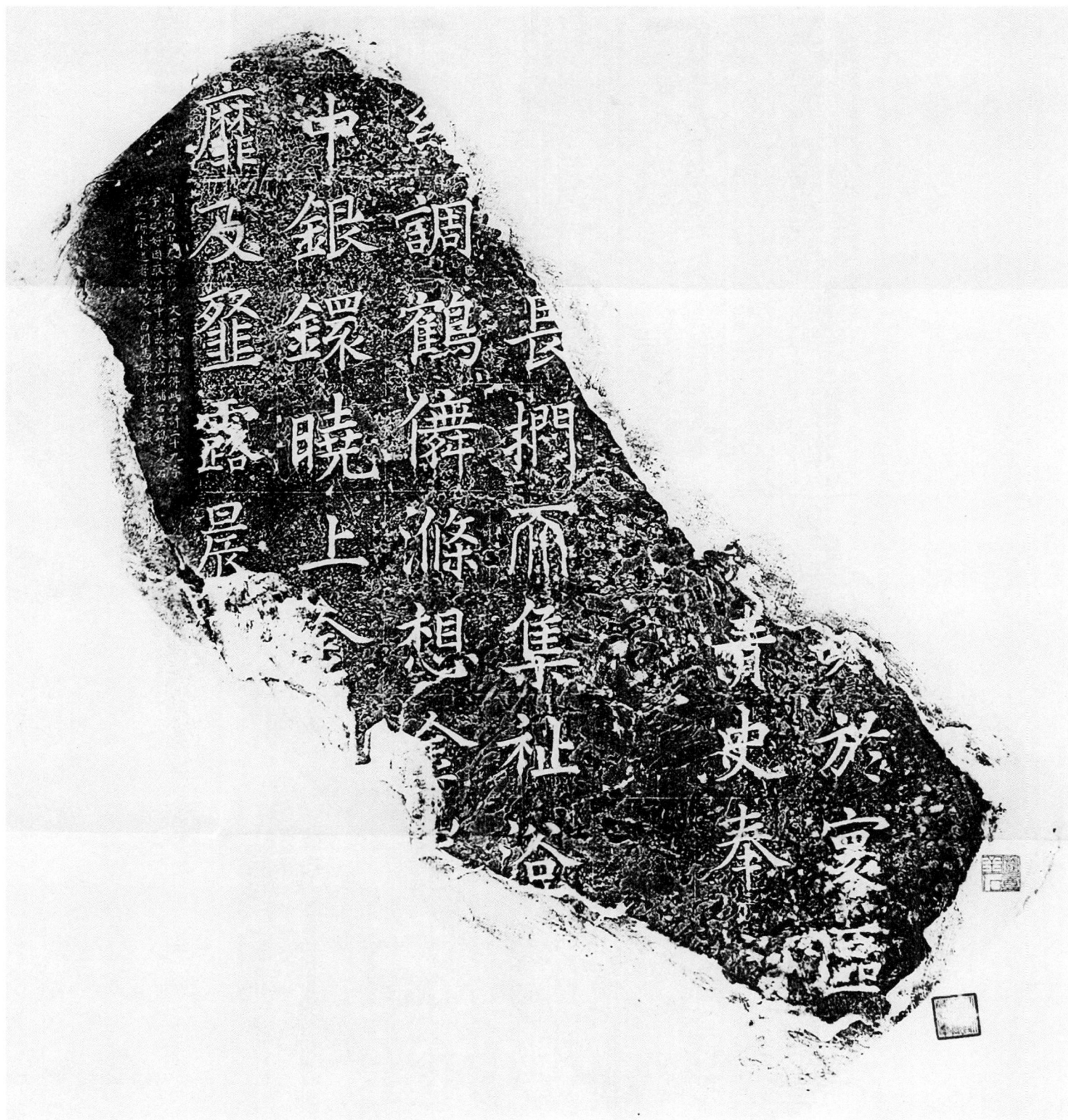

歷　中　調
及　銀　鶴
翬　鏐　儛
露　曉　滌
晨　上　想

去
閈
門
不
集
社
淪

於
青　宴
史　家
奉

PT/397　比丘尼法琬碑（法琬法師碑）　（唐）釋承遠撰　（唐）
劉欽旦書

唐景龍三年（709）五月十日建　陝西省西安市出土

清末民國拓本　1張　123 cm×67 cm

正書

首題：大唐［靈］安寺故比
丘尼法琬法師碑文

鈐印：澹盫金石、清白

PT/014　盧文挹神道碑　佚名撰

唐景雲二年（711）立　河南省焦作市武陟縣岱峰村出土

民國六年至十年（1917—1921）拓本　1張　96 cm×85 cm, 43 cm×33 cm（額）

正書，額篆書

額題：大唐故盧府君神道碑
鈐印：倉氏金石文字
倉永齡題簽：（景雲二年）"年"字亦缺；辛酉冬熊漢農自汴來所贈。據云，新近出土，字極整飭，尚有初唐風範，澹盦識

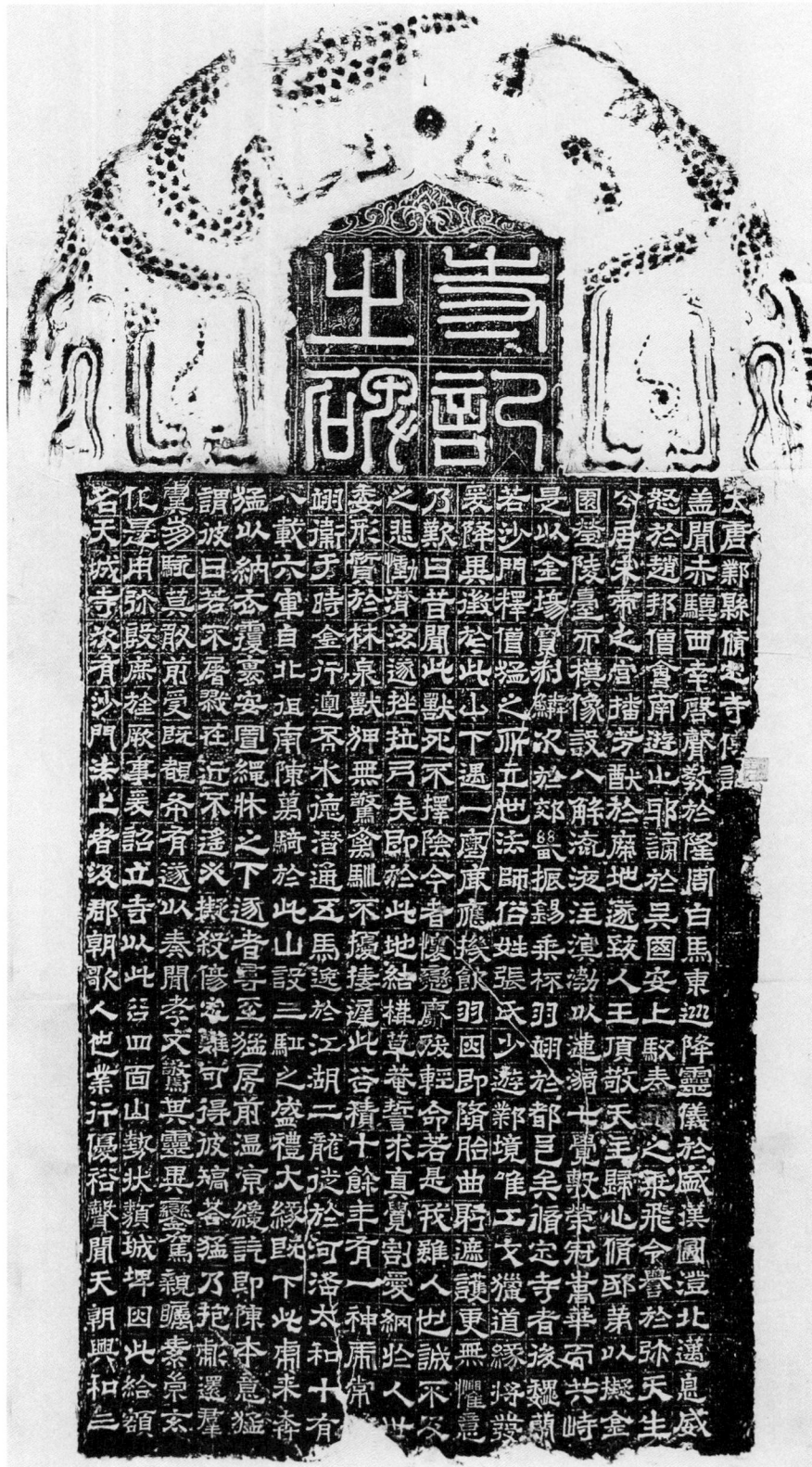

ST/016　修定寺傳記碑　佚名撰

唐開元七年（719）建　河南省安陽市清凉山

清拓本　2張　125 cm×68 cm（陽），128 cm×65 cm（陰）

隸書，額篆書

首題：大唐鄴縣修定寺傳記
額題：寺記之碑
鈐印：澹盦金石、倉永齡印
倉永齡題簽：
（陽）：有陰，己未
（陰）：碑陰，己未

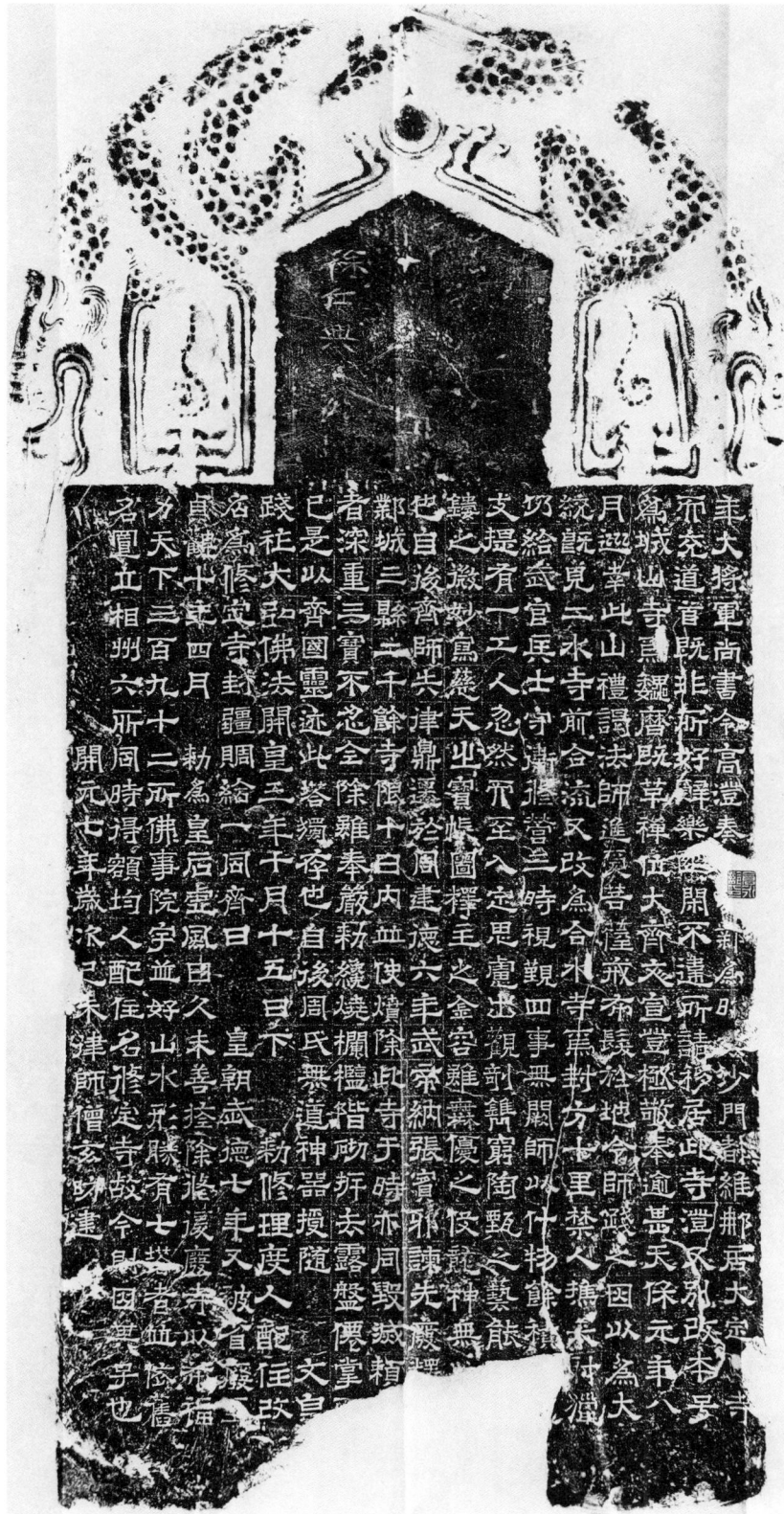

ST/018　端州石室記　（唐）李邕撰并書

唐開元十五年（727）正月二十五日刻　廣東省肇慶市高要區七星巖

清乾嘉拓本（"國"字未損本）　1張　100 cm×78 cm

正書

首題： 端州石室記

鈐印： 倉氏金石文字、澹盫金石、倉印、錫青、倉永齡印

倉永齡題簽： "國"字未損；丁巳

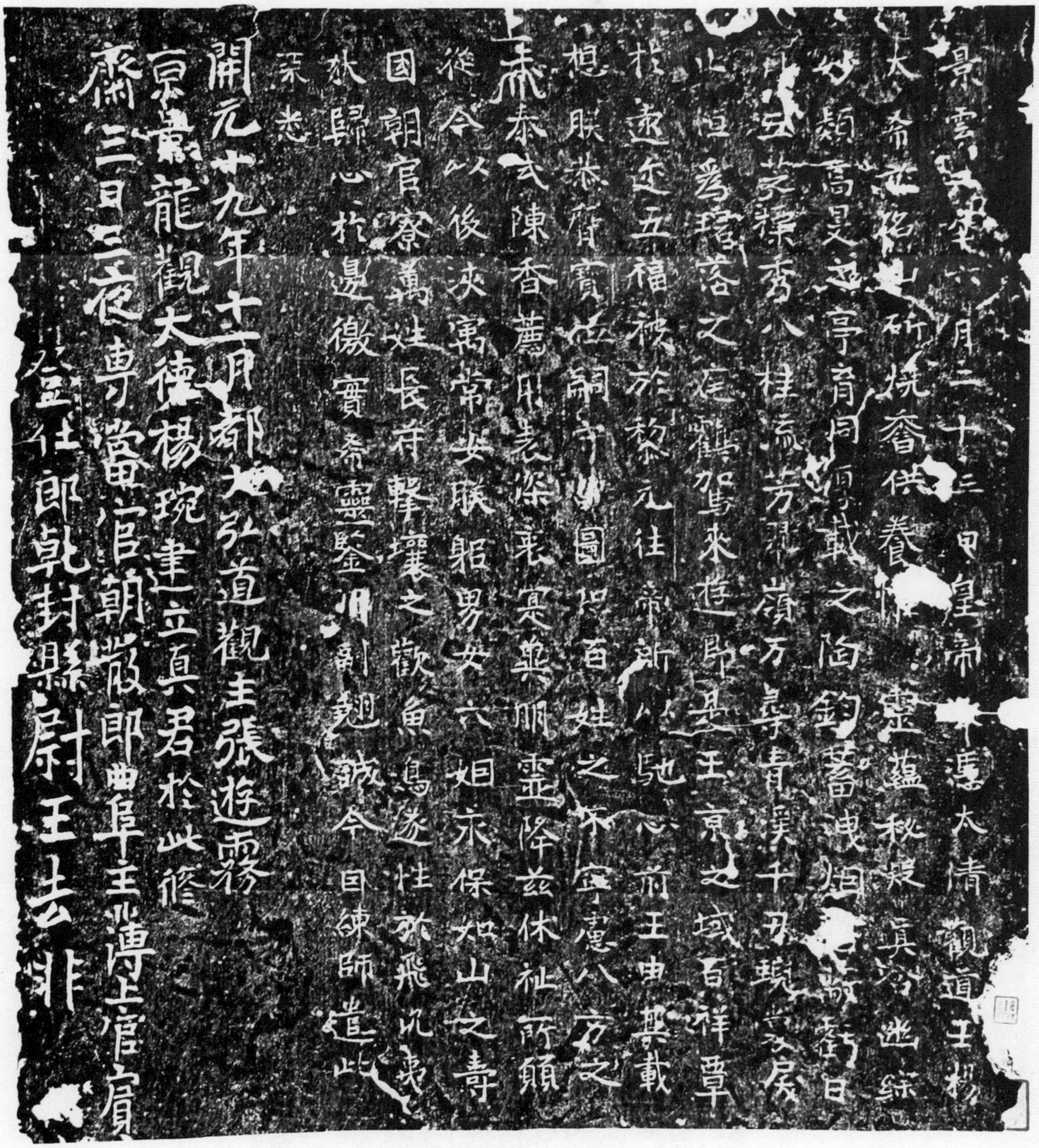

PT/398　楊太希供養嶽靈文　張遊霧等修齋記　佚名撰

唐景雲二年（711）六月二十三日刻；唐開元十九年（731）十一月刻
山東省泰安市岱嶽觀

清拓本　1張　55 cm×48 cm

正書

PT/019　尉遲迴廟碑　尉遲迴廟碑陰記 （唐）閻伯璵撰序
（唐）顏真卿撰銘　（唐）尉遲士良述　（唐）蔡有鄰書

唐開元二十六年（738）正月刻；唐開元二十六年（738）二月二十五
日刻　河南省安陽市

清末民國拓本　2張　第一張：193 cm×100 cm（陽）、46 cm×36 cm（額），第二張：
193 cm×105 cm（陰）

隸書，額篆書

額題：唐大師蜀國公尉遲公
神廟碑

倉永齡題簽：有陰；在安陽

PT/399　多寶塔銘（郭楚貞母建多寶塔銘）　佚名撰

唐開元二十九年（741）閏四月十八日建　陝西省寶雞市扶風縣出土

清拓本　1張　42 cm×44 cm

正書

首題：多寶塔銘并序

鈐印：澹盦金石

倉永齡題簽：庚申冬得於津門

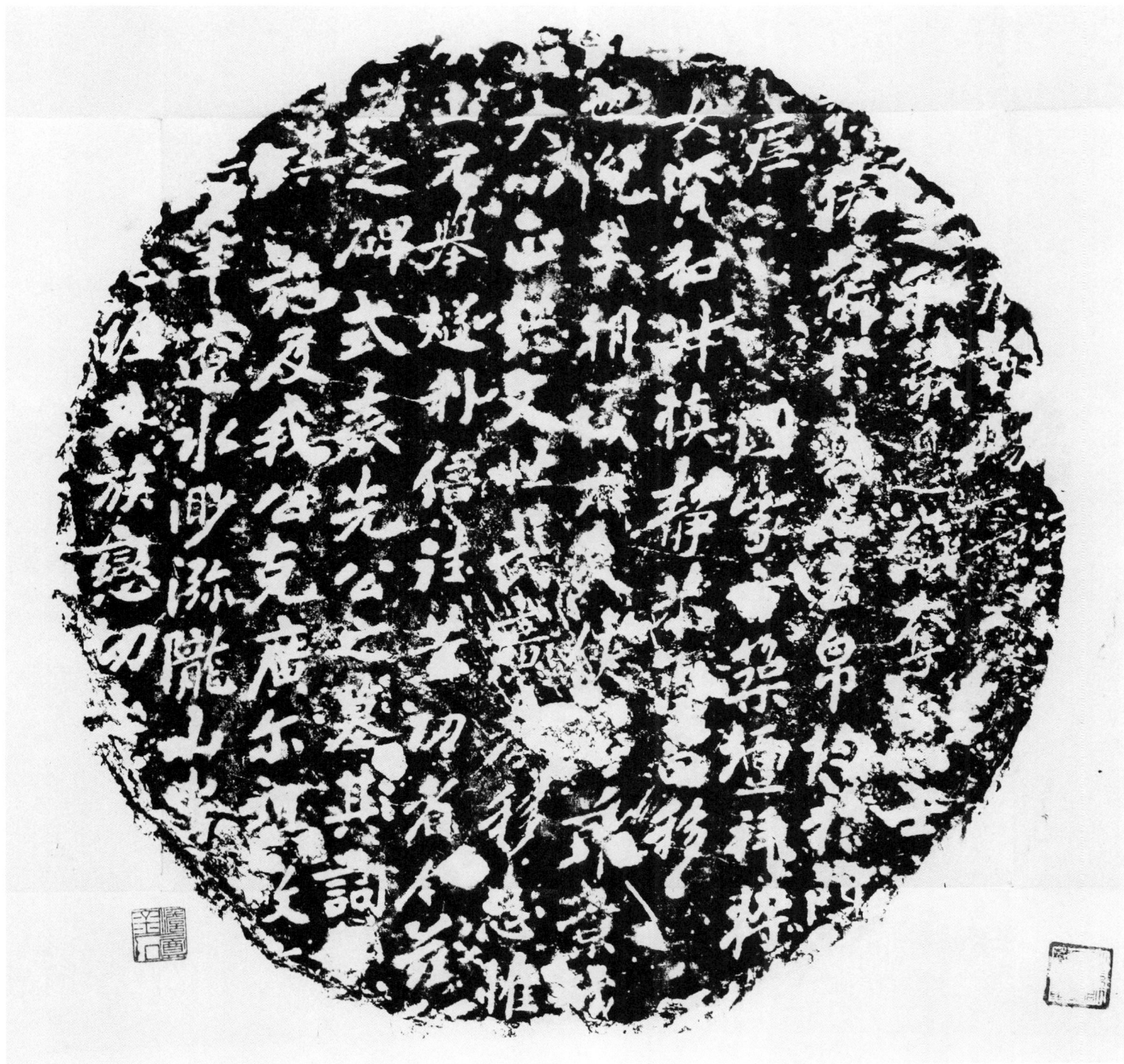

PT/400　李秀殘碑（雲麾將軍李秀碑）　　（唐）李邕撰并書
（唐）郭卓然摹勒　　（唐）□慈敏、張昂等鐫

唐天寶元年（742）正月十□日刻　北京市房山區良鄉鎮出土

清末民國拓本　2張　41 cm×40 cm，41 cm×40 cm

行書

鈐印：滄盦金石
倉永齡題簽：
一：臥崧書眉
二：臥崧書眉；癸丑年得

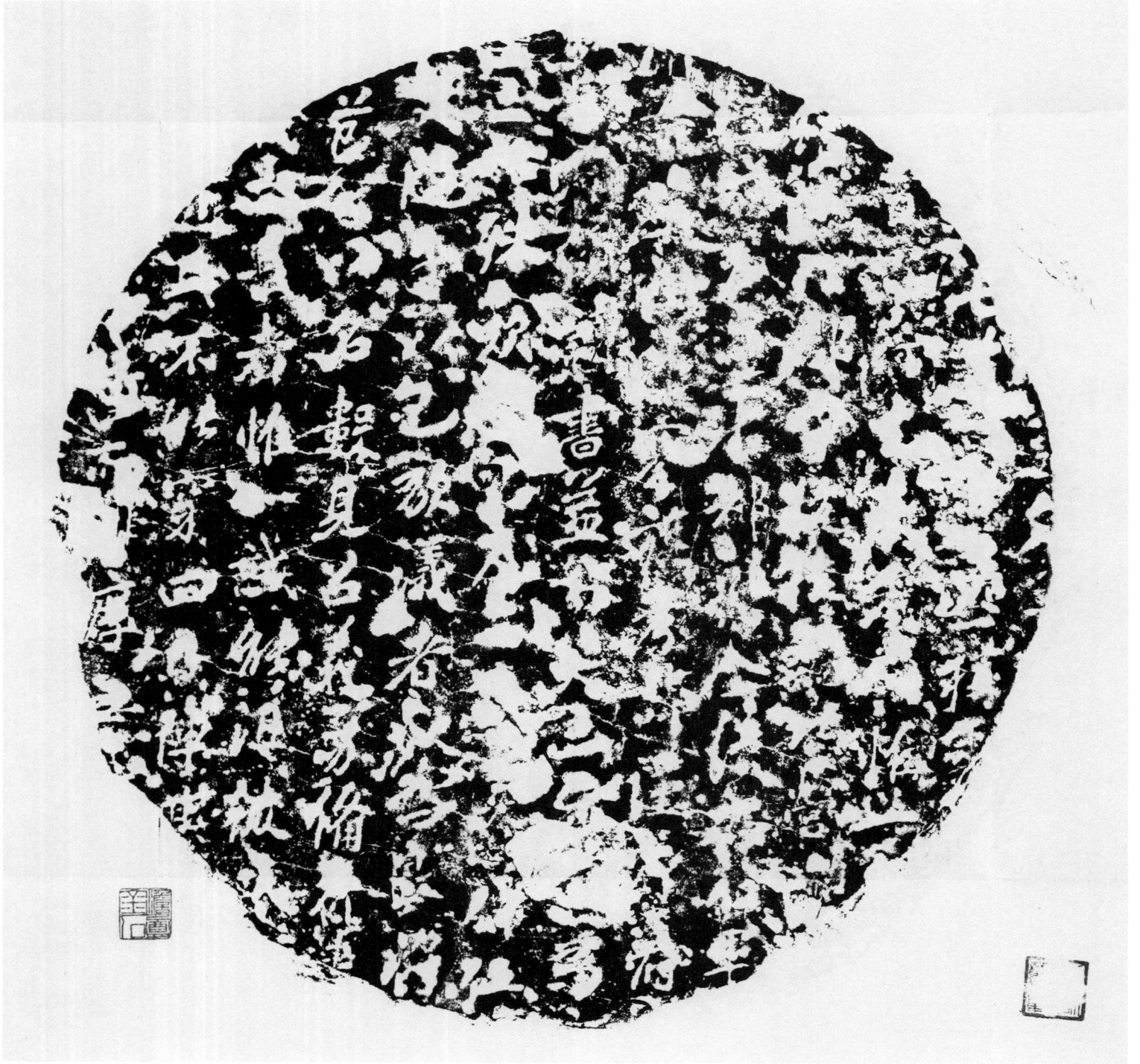

PT/021　靈巖寺碑 （唐）[李邕撰并書]

唐天寶元年（742）十一月十五日建　山東省濟南市長清區靈岩寺

清末民國拓本　1張　103 cm×90 cm（上），81 cm×58 cm（下）

行書

首題： 靈巖寺碑頌并序
鈐印： 澹盦金石
倉永齡題簽： 孫氏《訪碑録》
謂此碑今佚，誤

PT/319　高守忠龕堂記　（唐）石鎮撰　（唐）崔英書

唐天寶四年（745）九月二十五日記　河南省洛陽市出土

清末民國拓本　1張　31 cm×46 cm

正書

首題：□□□京大奉國寺故
上座龕堂記
鈐印：倉氏金石文字
倉永齡題簽：石在洛陽存
古閣，庚申得

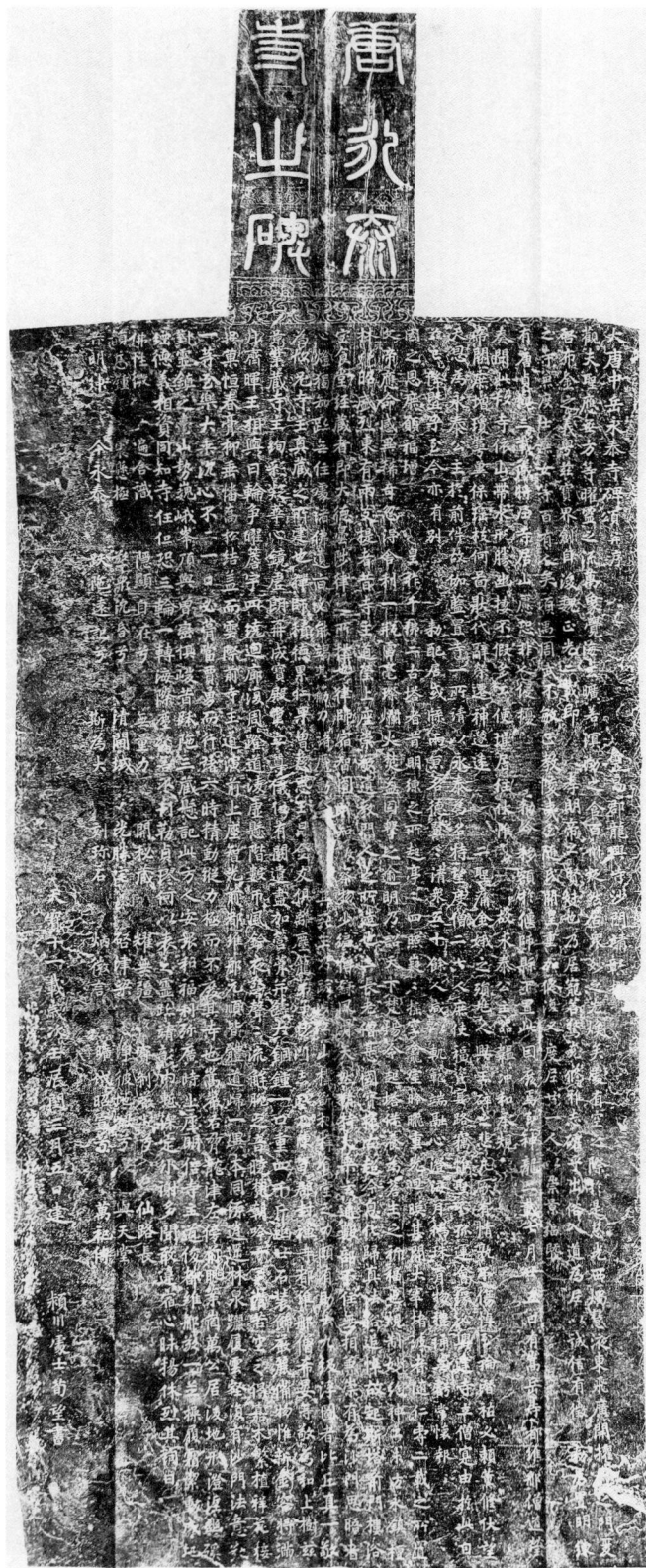

PT/022　永泰寺碑　（唐）釋靖彰撰　（唐）苟望書

唐天寶十一年（752）閏三月五日建　河南省鄭州市登封市永泰寺

清末民國拓本　1張　166 cm×82 cm，41 cm×24 cm（額）

正書，額篆書

首題： 大唐中岳永泰寺碑頌并序
額題： 唐永泰寺之碑
鈐印： 澹盦金石
倉永齡題籤： 己未

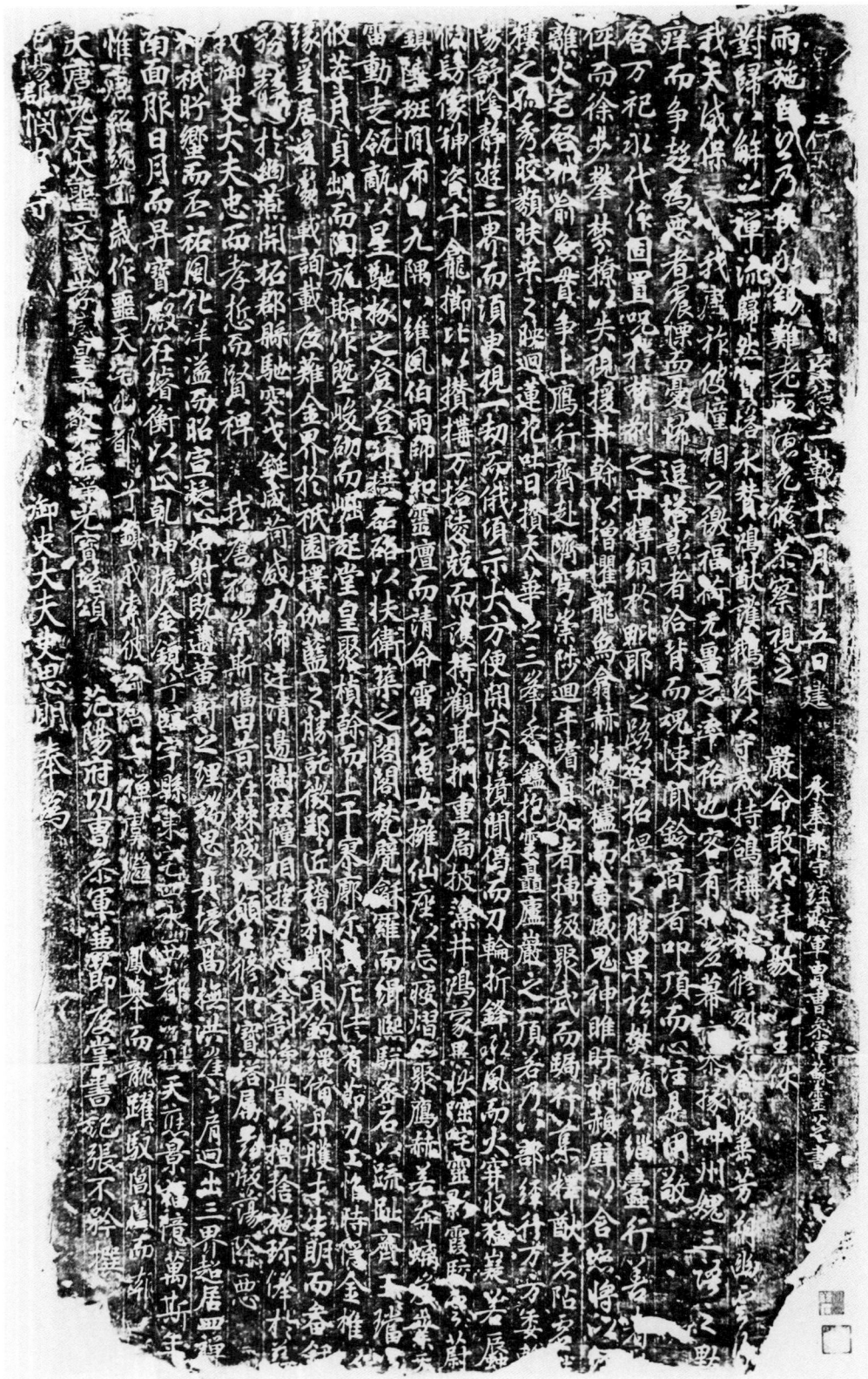

PT/402　憫忠寺寶塔頌（憫忠寺寶塔銘） 　（唐）張不矜撰
（唐）蘇靈芝書

唐至德二年（757）十一月十五日建　北京市西城區法源寺

清末民國拓本　1 張　116 cm×68 cm

行書

首題： 范陽郡憫忠寺御史大
夫史思明奉爲大唐光天大聖
文武孝感皇帝敬無垢净光寶
塔頌

鈐印： 澹盦金石

倉永齡題簽： 癸丑年得

巴州城南二里有古佛龕一所

右山南西道度支判官衛尉少卿兼侍御史

內件供奉古佛龕一所舊石壁鐫刻其州南二里有

前諸龕化出甚妙眾仰如月後佛俳儀形軀小身乃琢磨劃

聖上之辟福拾餘作龕官移精思來之誠容晏俛驚爛果蘭祈

造屋宇勝綠以燄香幽闇曾未興經營當許令置額伏之

夜助昰明赴以燭幽闇辭降然泥遠被雲雷

增益勝綠以燄香幽闇曾未興經陳許令置額伏之

特旌褒紺字長懸嘉名月之以光無色

有道行者漆僧水懸以住持俾其修習

百其寺宜以光福為名餘依

初乾元三年四月十三日

PT/024　巴州刺史嚴武造佛龕奏（巴州佛龕記）　　佚名撰

唐乾元三年（760）四月十三日刻　四川省巴中市南龕石窟

清末民國拓本　1張　165 cm×154 cm

正書

鈐印：澹盦所藏金石
倉永齡題簽：四川巴州

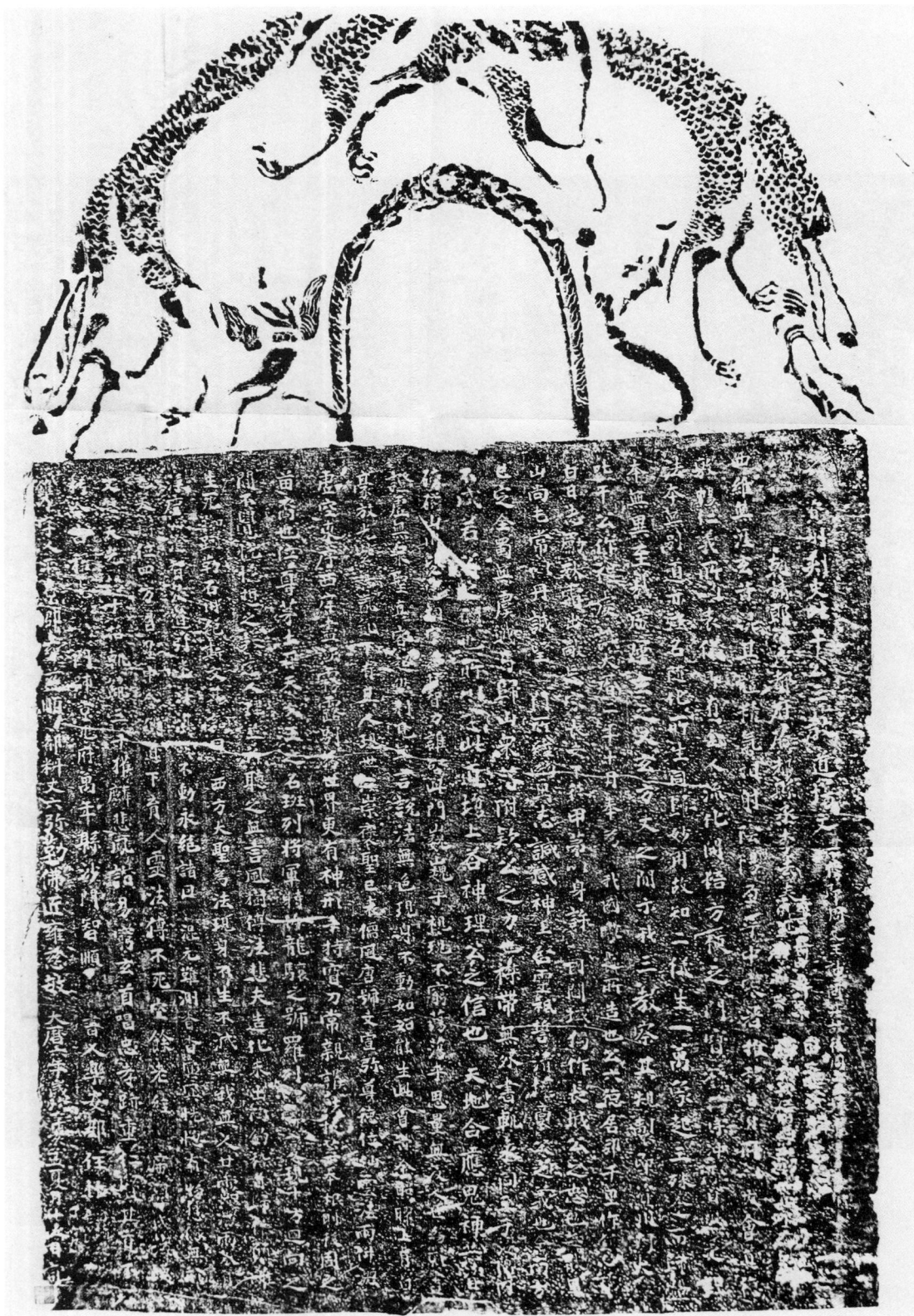

PT/027　資州刺史叱干公三教道場文〔三教道場文〕　（唐）

李去泰撰　（唐）任惟謙書　（唐）雍慈順鐫

唐大曆六年（771）四月十五日記　四川省成都市簡陽市

清末民國拓本　1張　131cm×90cm

正書

首題：資州刺史叱干公三教
道場文

鈐印：滄盦金石

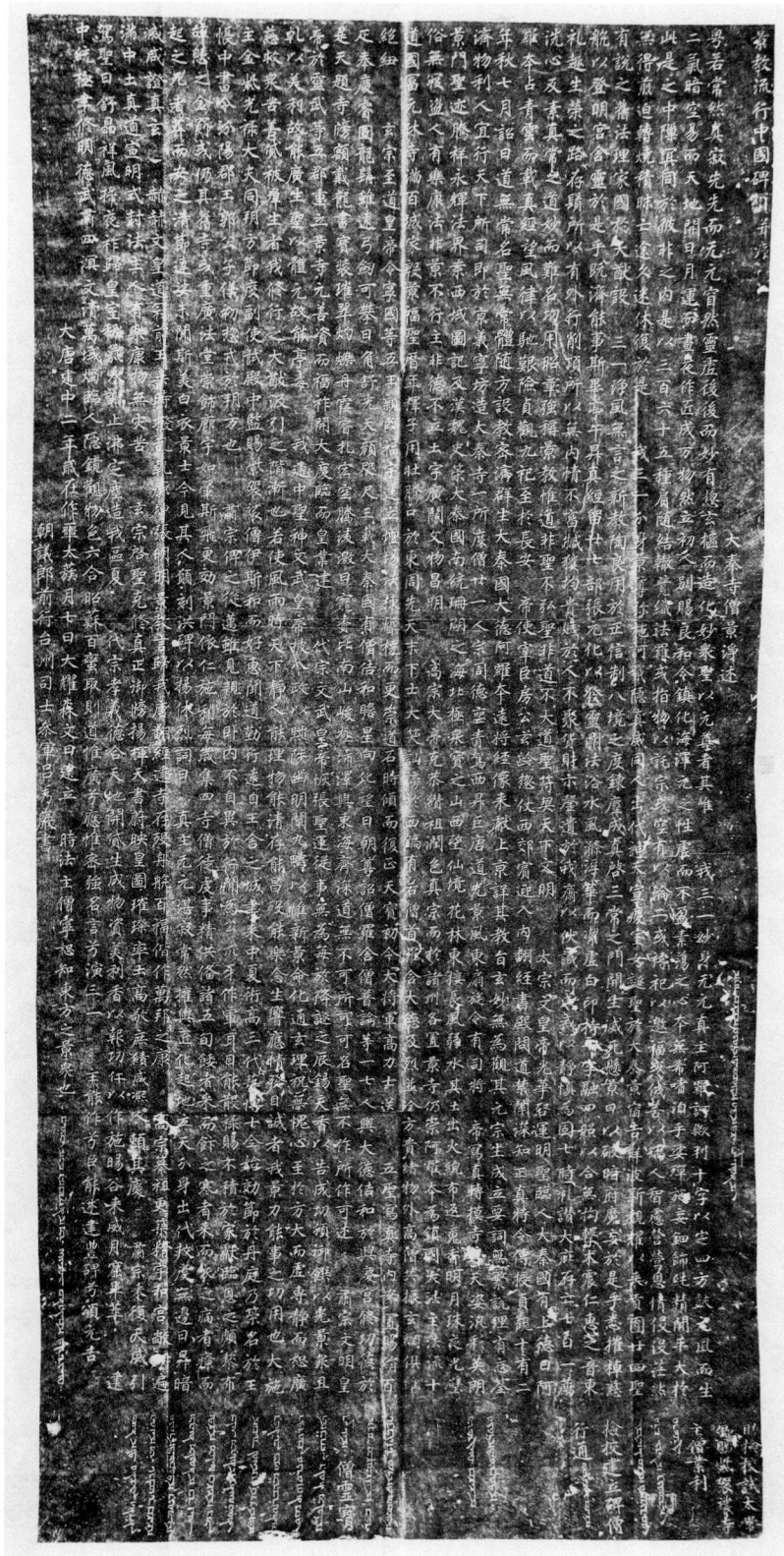

ST/025 大秦景教流行中國碑（景教流行中國碑） （唐）釋
景淨撰 （唐）吕秀巖書并書額

唐建中二年（781）正月七日建 陝西省西安市

清末民初拓本 3張 第一張：187 cm×85 cm（碑），第二張：46 cm×30 cm（額），
第三張：176 cm×25 cm（側）、72 cm×25 cm（側）

正書，額正書、古敘利亞文

首題： 景教流行中國碑頌
并序

額題： 大秦景教流行中國碑

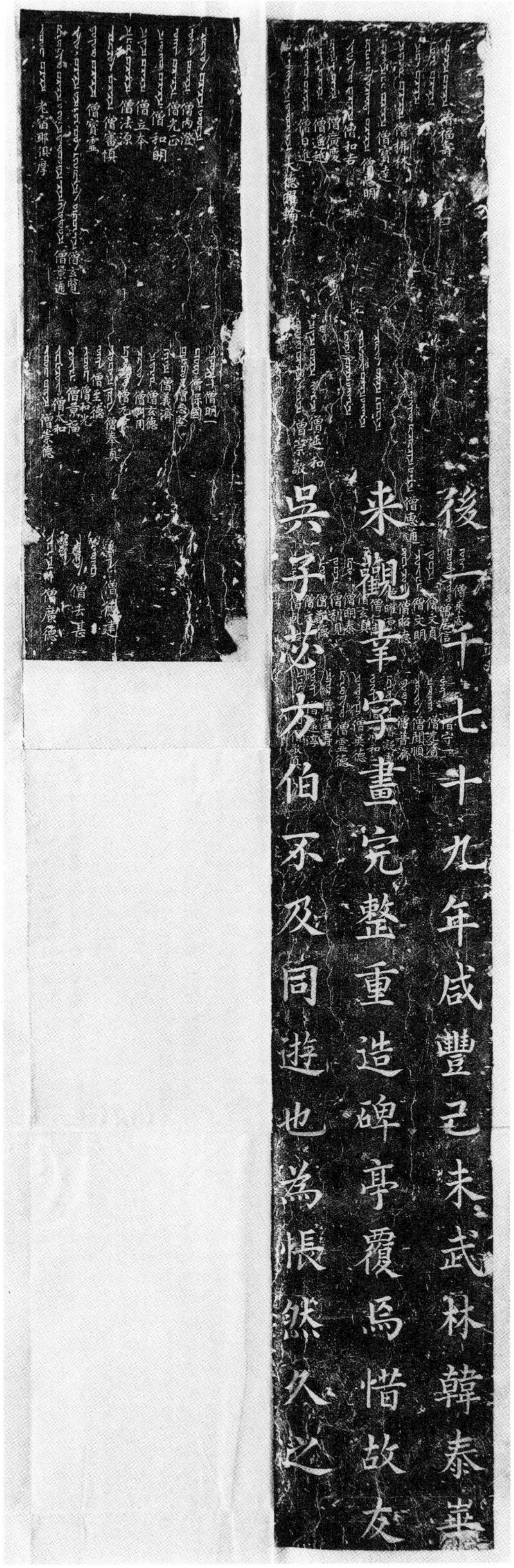

後二十七十九年咸豐己未武林韓泰崋

來觀韋字畫完整重造碑亭覆焉惜故友

吳子芯方伯不及同遊也爲悵然久之

PT/028　華陽三洞景昭大法師碑（景昭墓碑）　（唐）陸長源撰
（唐）竇臮書并篆額　　（唐）張伯倫造

唐貞元三年（787）正月十五日建　江蘇省鎮江市句容市茅山

清末民國拓本　1張　258 cm×91 cm

正書，額篆書

首題：華陽三洞景昭大法師
碑并序
額題：有唐華陽三洞景昭大
法師碑
鈐印：澹盦金石、倉永齡印
倉永齡題簽：丙寅秋得於
金陵

PT/199　張延賞墓碑　（唐）[趙贊]撰　（唐）[歸登]書

唐貞元三年（787）十月五日刻　河南省洛陽市偃師區

清末民國拓本　1張　71 cm×66 cm

隸書

倉永齡題簽： 辛酉得

PT/029　諸葛武侯新廟碑　（唐）沈迥撰　（唐）元錫書

唐貞元十一年（795）正月十九日建　陝西省漢中市勉縣諸葛廟

清末民國拓本　1張　159 cm×99 cm

正書

首題： 蜀丞相諸葛忠武侯新廟碑銘并序

倉永齡題簽： 壬戌十月得

PT/030　靈慶公神堂碑（河東鹽池靈慶公神祠碑　鹽池靈慶公神祠碑　唐河東鹽池碑　鹽池碑）　（唐）崔敖撰　（唐）韋縱書并篆額

唐貞元十三年（797）八月二十日建　山西省運城市

清末民國拓本　1張　185 cm×87 cm，38 cm×29 cm（額）

正書，額篆書

首題： 大唐河東鹽池靈慶公神祠頌并序

額題： 唐鹽池靈慶公神祠頌

（碑文，正書，豎行，自右至左）

大唐滑州酸棗縣建福寺界場記

廣德二年歲次甲辰四月十六日當寺前上座僧如海寺主寶達都維那崇一徒眾等共請滑州開元寺律大德景岑澄康法解舊兴界再結界場太界相過從此住履講堂內從東靜當寺律大德日界此止志北角第三柱內楞直南至南頭第二柱內柱內至栖從此直西至柱內楞從此直東至二橫行南頭第二柱內楞直東至南頭第二柱從此柱內至楞遠此直西至北頭堂東北角至第三柱內楞從此直南至中行南頭第二柱從此楞外右從謀此至東北角至第三柱外楞從此直西至北頭楞從此直南至中行南頭是界場此南相楞外第二柱外楞此頭第二柱從此直東至北角直北至右柱外楞第二柱外相從此直西南角從此直北至子城東此尋牆直北角此是大界內外相其時東北角此至子城東南角從此過還至關牆東北角此尋牆直北八十餘傳和合眾結此界末角從此穿道過至南角外相彼為結此界末東南穿道過還大界內外相其時傳和合眾等刊石為記書銘記卻當寺尊宿前上座律大德元諒忍年歲次甲午二月己卯朔十一日庚辰當寺尊宿前上座律大德元諒後五十一年至元和九年歲次甲午二月己卯朔十一日庚辰為外相都記卻當寺尊宿前上座律行湍合眾僧義幽都維那常堅不知大小界之分齊遂令僧行湍合眾等刊石為記書示後人矣上座僧智海寺主僧義幽都維那常堅傳契真書

PT/403　滑州酸棗縣建福寺界場記　（唐）釋契真書

唐元和九年（814）二月十一日刻　河南省新鄉市延津縣

清末民國拓本　1張　54 cm×53 cm

正書

首題： 大唐滑州酸棗縣建福寺界場記

鈐印： 倉氏金石文字

倉永齡題簽： 辛酉得於天津

PT/404　東郡懷古詩　（唐）李德裕撰并書

唐大和四年（830）六月一日題　河南省安陽市滑縣

清末民國拓本　1張　56 cm×87 cm

隸書

首題：東郡懷古二首
鈐印：倉印、錫青
倉永齡題簽：石在河南滑縣，壬戌秋盧笠青寄贈

PT/032　阿育王寺常住田碑　（唐）萬齊融撰　（唐）范的書　（唐）韓持鐭

唐大和七年（833）十二月一日立　浙江省寧波市鄞州區

清拓本　1張　241 cm×119 cm

行書

首題：大唐越州都督府鄞縣阿育王寺常住田碑

鈐印：澹盦金石

倉永齡題簽：碑在浙江

PT/033　劉沔神道碑（劉沔碑）　（唐）韋博撰　（唐）柳公權書
（唐）唐元度摹勒并篆額　　（唐）李從慶造

唐大中二年（848）十一月七日卒　陝西省咸陽市永壽縣

清末民國拓本　　1張　　178 cm×89 cm

正書

首題：唐故光禄大夫太子太傅致仕上柱國彭城郡開國公食邑二千户贈司徒劉公神道碑銘并序
鈐印：澹盦金石

PT/405　張以德刻彌陀經　佚名撰

唐乾符元年（874）二月二十四日立　河南省安陽市滑縣

清末民國拓本　2張　50 cm×50 cm，55 cm×55 cm

正書

鈐印：澹盦、澹盦金石

舍利弗彼佛國土成就如是功德莊嚴

舍利弗於汝意云何彼佛何故號阿彌陀舍利
弗彼佛光明無量照十方國無所障礙是故號為阿彌陀
又舍利弗彼佛壽命及其人民無量無邊阿僧祇劫故名阿彌陀
舍利弗阿彌陀佛成佛已來於今十劫
又舍利弗彼佛有無量無邊聲聞弟子皆阿羅漢非是算數之所能知諸菩薩眾亦復如是
舍利弗彼佛國土成就如是功德莊嚴
又舍利弗極樂國土眾生生者皆是阿鞞跋致其中多有一生補處其數甚多非是算數所能知之但可以無量無邊阿僧祇說
舍利弗眾生聞者應當發願願生彼國所以者何得與如是諸上善人俱會一處
舍利弗不可以少善根福德因緣得生彼國
舍利弗若有善男子善女人聞說阿彌陀佛執持名號若一日若二日若三日若四日若五日若六日若七日一心不亂其人臨命終時阿彌陀佛與諸聖眾現在其前是人終時心不顛倒即得往生阿彌陀佛極樂國土

拔一切業障根本得生淨土陀羅尼
南無阿彌多婆夜哆他伽多夜哆地夜他阿彌唎都婆毗阿彌唎哆悉耽婆毗阿彌唎哆毗迦蘭帝阿彌唎哆毗迦蘭多伽彌膩伽伽那枳多迦隸娑婆訶

往生淨土真言

孫陀經卷花園村張以德發心刻石樹之殿壁以便四方善士觀誦因為數字誌之

乾符元年二月二十四日立

PT/409　佛說觀弥勒菩薩上生兜率天經殘石　佛說彌勒大成佛經殘石　佛說弥勒下生成佛經殘石 （南朝宋）沮渠京聲譯；（後秦）鳩摩羅什譯；（後秦）鳩摩羅什譯

唐（618—907）刻　刻立地不詳

清末民國拓本　4張　31 cm×50 cm（一），12 cm×18 cm（二）；24 cm×30 cm（三）；21 cm×24 cm（四）

正書

鈐印：倉氏金石文字

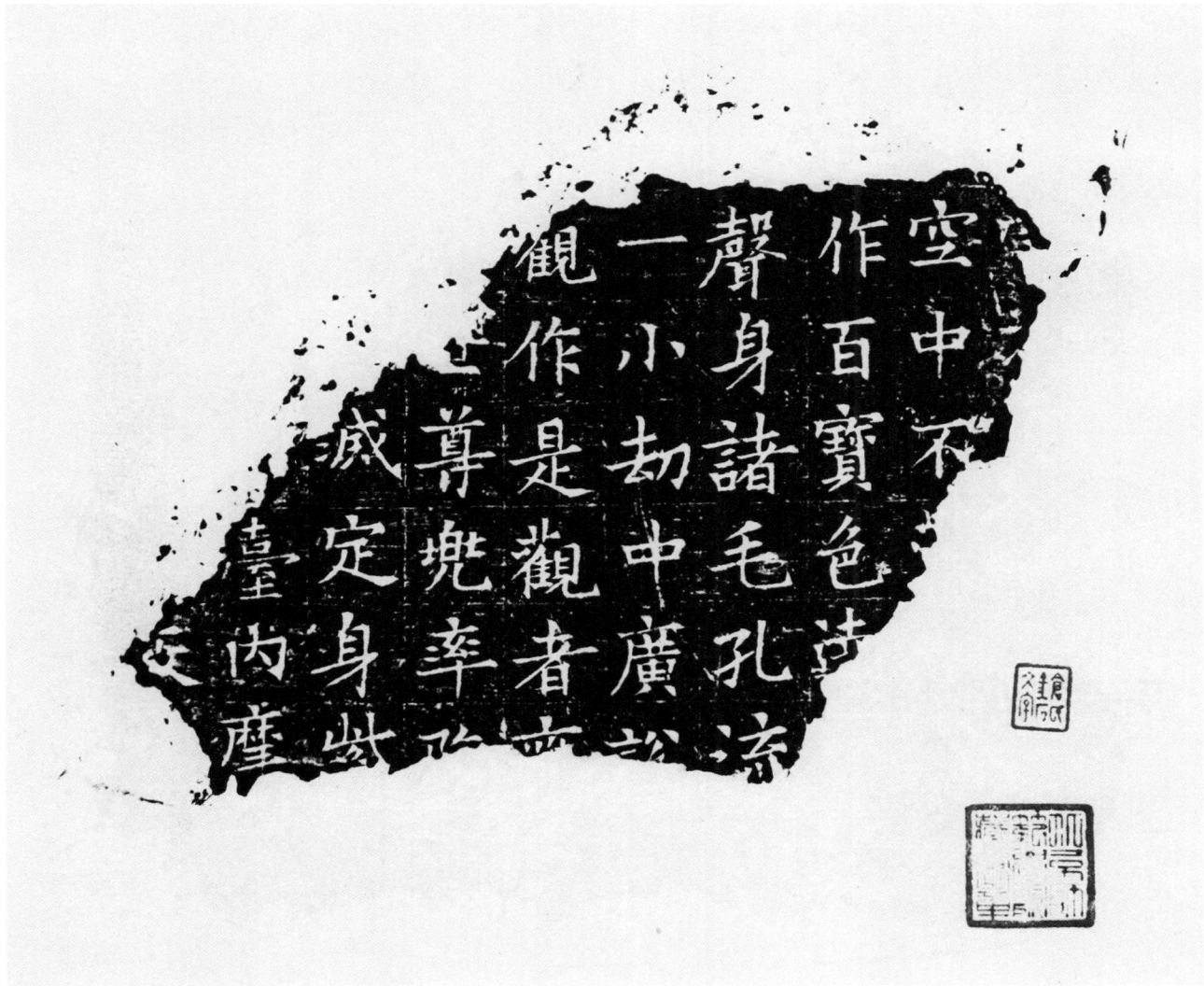

ST/034　行寂塔銘（朗空塔碑銘　白月棲雲塔銘） （後梁）
崔仁滾撰　（後梁）釋端目集金生書

後梁貞明三年（917）十一月葬　朝鮮開城市

清拓本　1張　207 cm×95 cm

行書

首題：新羅國故兩朝國師教
諡朗空大師白月棲雲之塔碑
銘并序
鈐印：澹盦金石、澹庵所藏
金石
倉永齡題簽：舊拓本；壬
戌冬得於津門

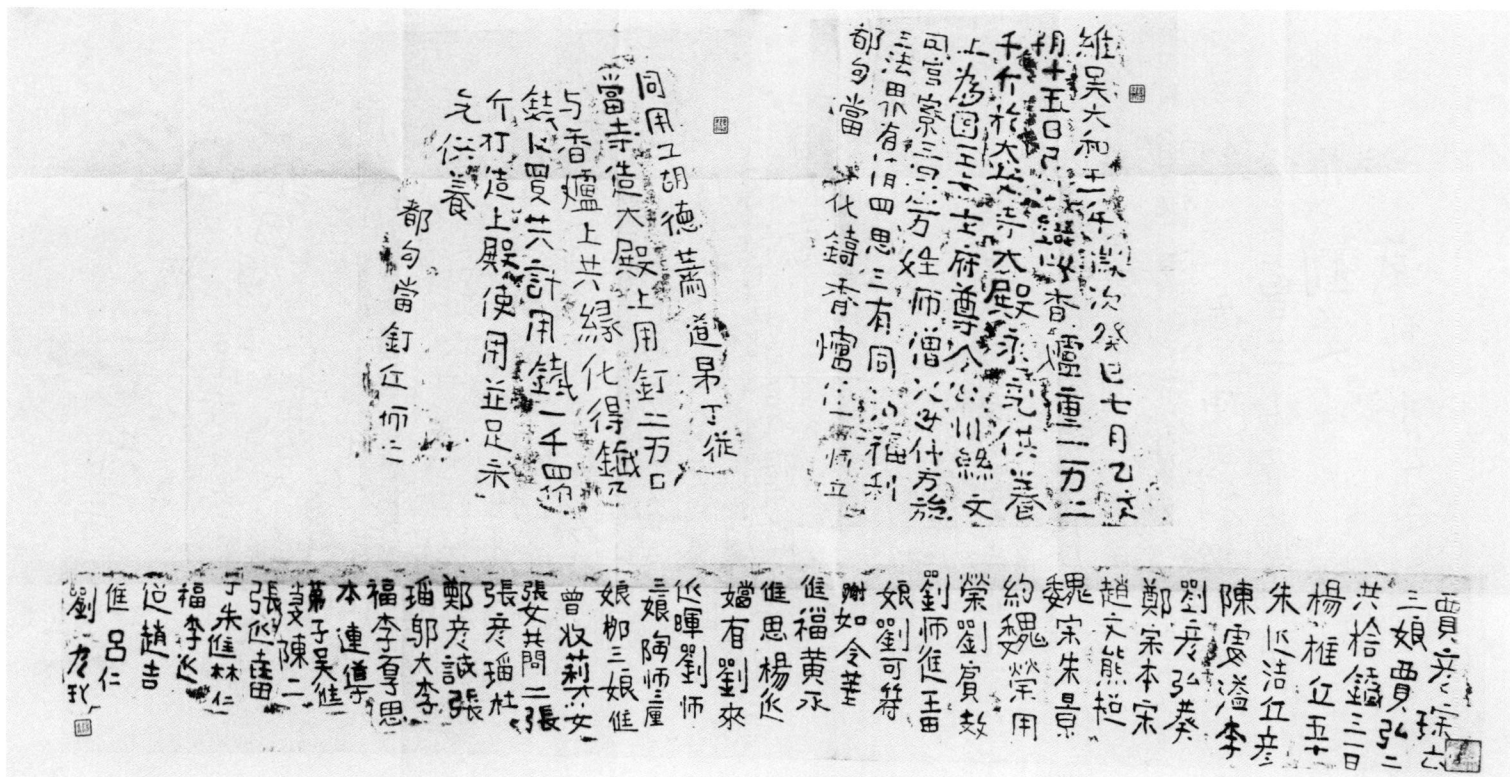

PT/414　大安寺鐵香爐款　佚名撰

十國吳大和五年（933）七月十五日鑄　江西省南昌市

清末民國拓本　2張　第一張：39 cm×27 cm（右上）、38 cm×30 cm（左上）、15 cm×105 cm（下），第二張：36 cm×45 cm（右）、35 cm×33 cm（左）

正書

鈐印： 錫青、倉氏金石文字
倉永齡題簽： 庚申冬得於沽上

檀越主邢壽六王二

證因僧智玄
唐□洛朱彥瑀吳少乾余一娘
郎可瑗習極朱衛女習衛女娘
呂從寶羅六娘秦士娘熊超
戴十三娘施太周弘傑趙從
黃祐張五娘施趙凃從徐十一
娘李從藍㪍辥胡二娘徐
瑛周雅楊珪徐璠李進王
彥思韋章吳暉陶
曾师德

都維小僧
柰主□小海
監寺　德
　歲琮　張智思廢僧雷
明緣　上座僧古綠遂
朱　　　僧李惲
徐　魏㥦楊彥恩
從　歲僧走徑陳思劉詮楊慈
劉逢　曾三楊僭楊郱用
歲都山弟子□曾料

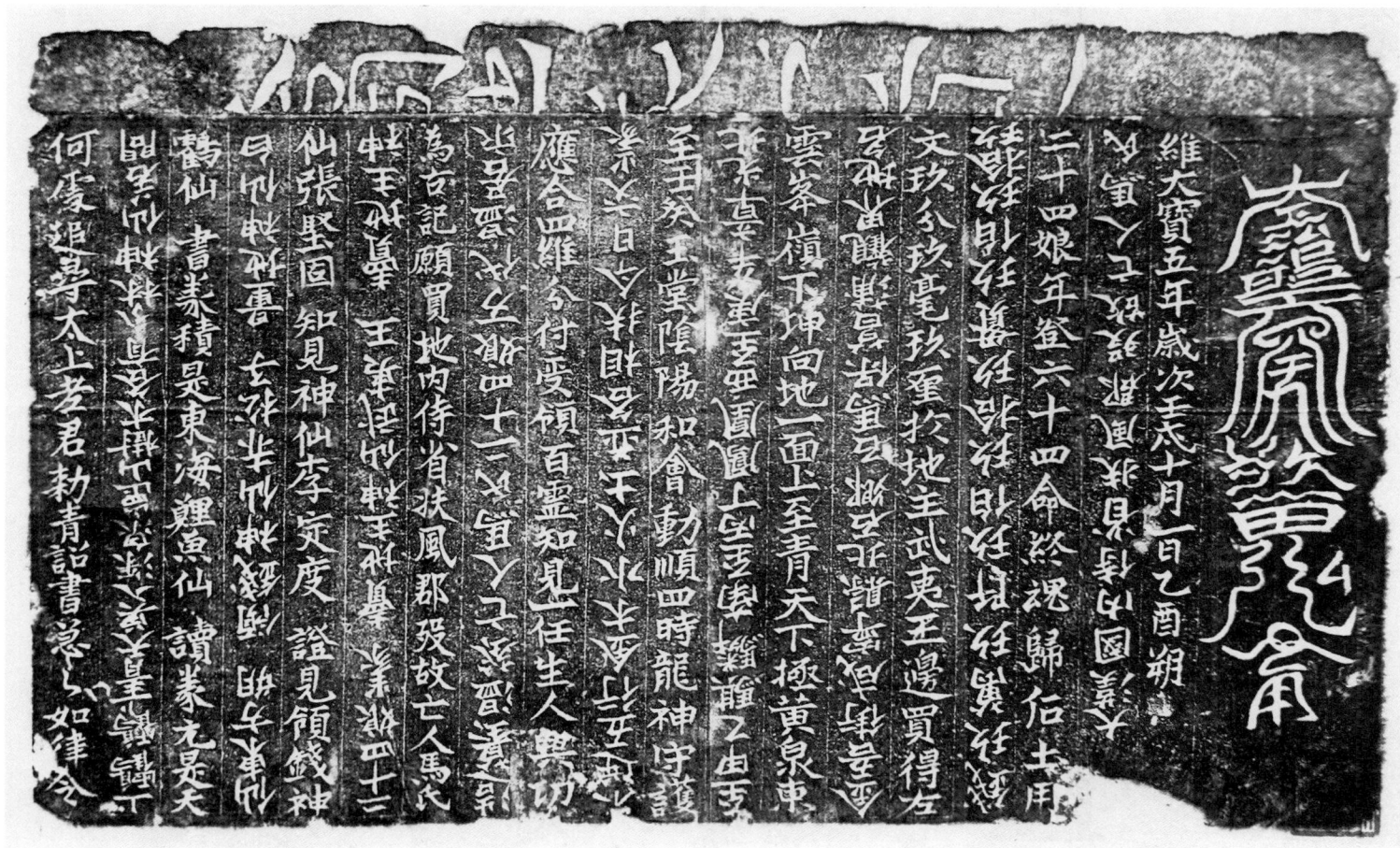

PT/192　馬廿四娘買地券　佚名撰

南漢大寶五年（962）十月一日葬　廣東省佛山市南海區出土

清末民國拓本　1張　24 cm×38 cm

正書

鈐印： 錫青、倉氏金石文字
倉永齡題簽： 壬申秋得於都門

PT/408　嘉祐石經《孝經》殘石（宋二體石經《孝經》　北宋石經）　（宋）鄭惟幾銘

北宋嘉祐六年（1061）立　河南省開封市出土

民國拓本　1張　53 cm×56 cm

篆書、正書

ST/038 顏魯公祠堂碑記（顏真卿新廟碑陰記 魯公仙迹記）
（宋）米芾撰并書

北宋元祐三年（1088）九月記 山東省臨沂市費縣

清末民國拓本 1張 121 cm×89 cm

正書

倉永齡題簽： 山東費縣

PT/039　黃庭堅浯溪題名并詩（浯溪詩刻）　（宋）黃庭堅撰
并書

北宋崇寧三年（1104）三月六日刻　湖南省永州市祁陽縣

清末民國拓本　1張　230 cm×124 cm

行書

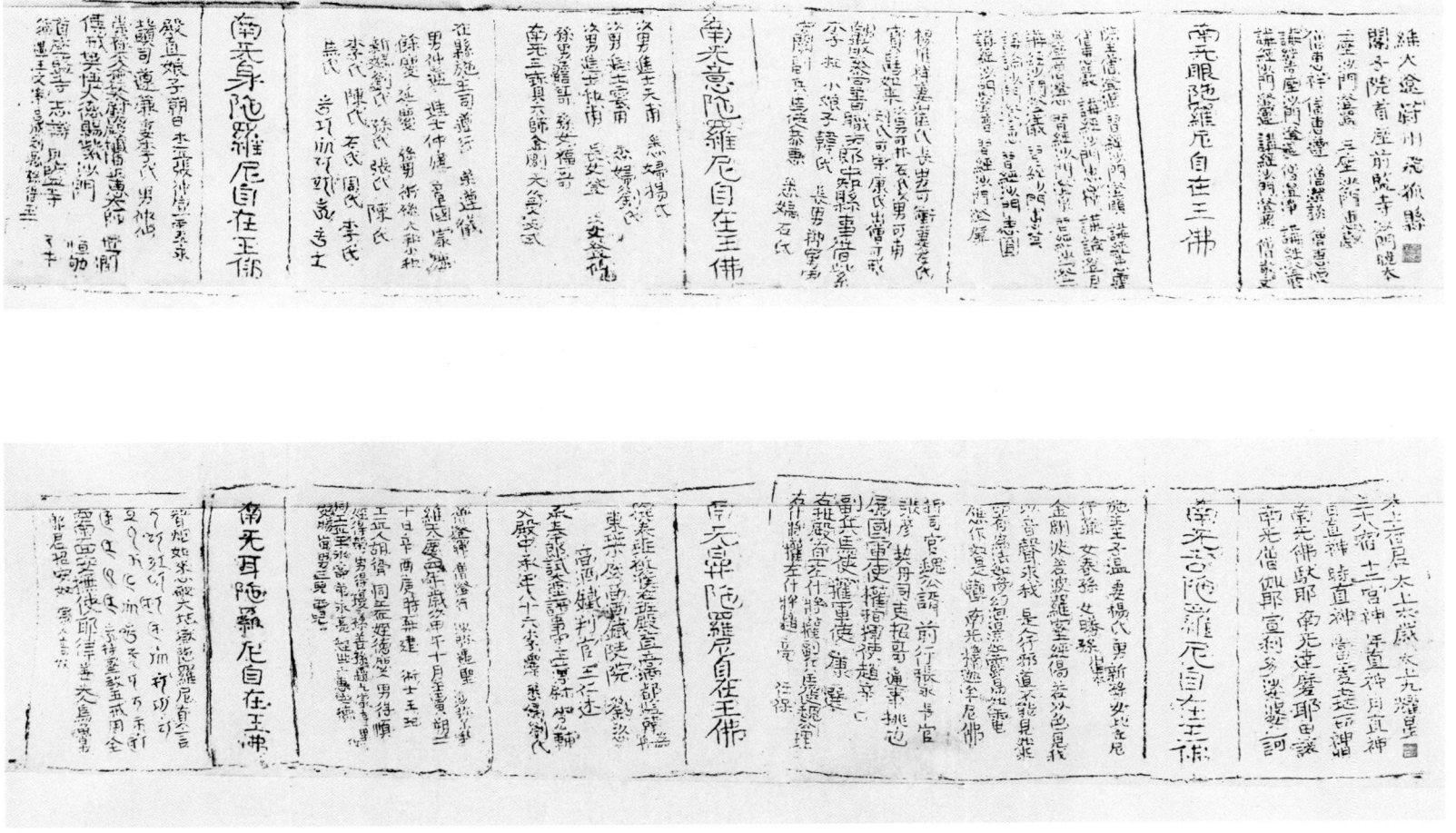

PT/005　飛狐大鐘銘　佚名撰

遼天慶四年（1114）鑄　河北省保定市淶源縣

清末民國拓本　2張　47 cm×227 cm，48 cm×225 cm

正書，梵文

鈐印：滄盦金石
倉永齡題簽：
上：鐘在直隸
下：同鄉黃雲錦天章贈；庚申年五月

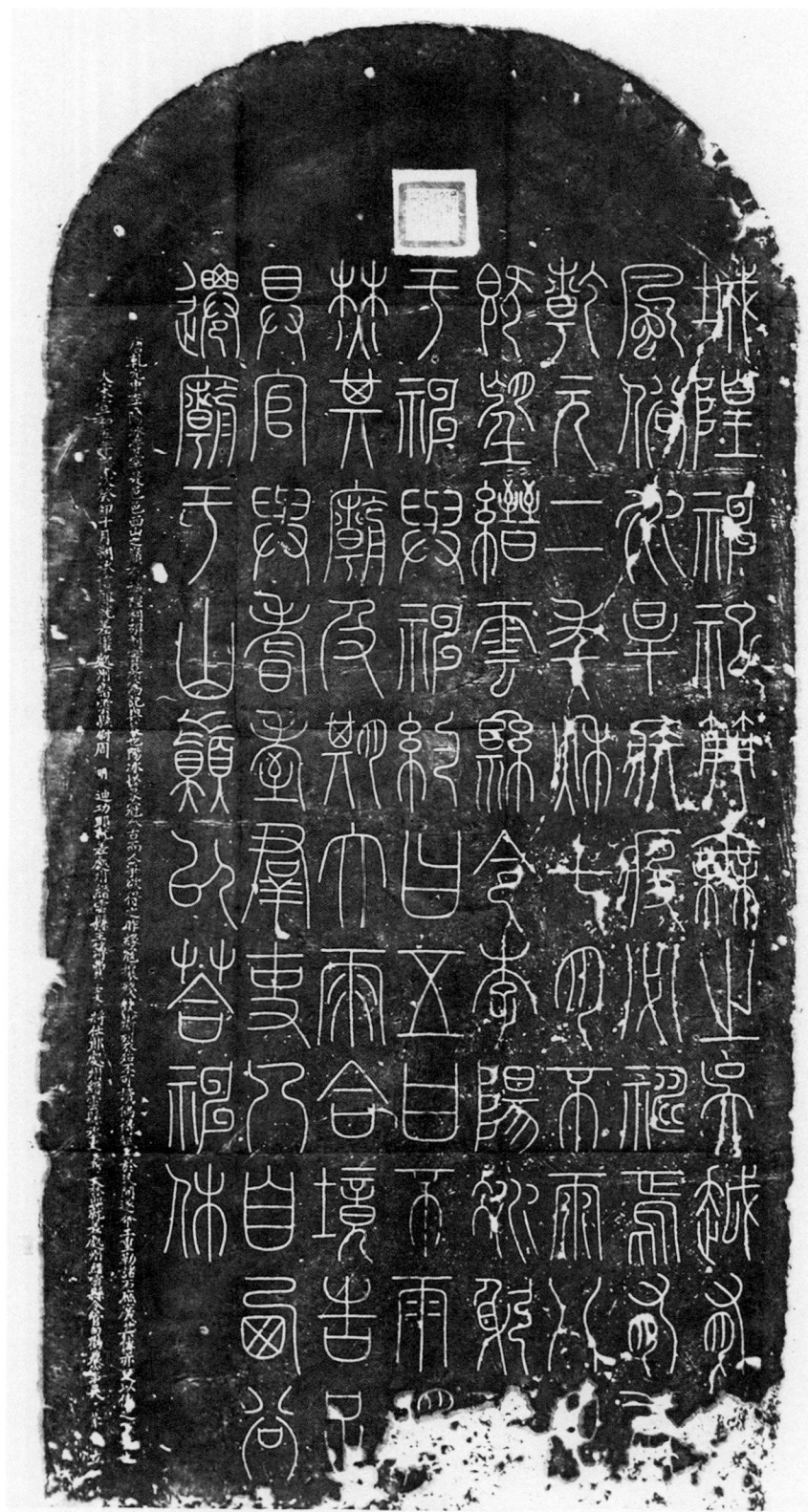

ST/023　縉雲縣城隍廟碑（重刻唐城隍祠記）　（唐）李陽冰
撰并書　（宋）周明跋

唐乾元二年（759）七月十六日原刻，北宋宣和五年（1123）十月一日
重刻　浙江省麗水市縉雲縣城隍廟

清拓本　1張　158 cm×77 cm

篆書，跋正書

鈐印： 縉雲縣印、澹盦金石
倉永齡題簽： 此紙得於都
門，的係舊拓，與新本校多
數字

PT/035　龍興之寺匾額　（唐）李邕書

唐（618—907）刻，金皇統六年（1146）摹刻　山東省濰坊市青州市

清末民國拓本　1張　146 cm×134 cm

正書

鈐印： 澹盦金石

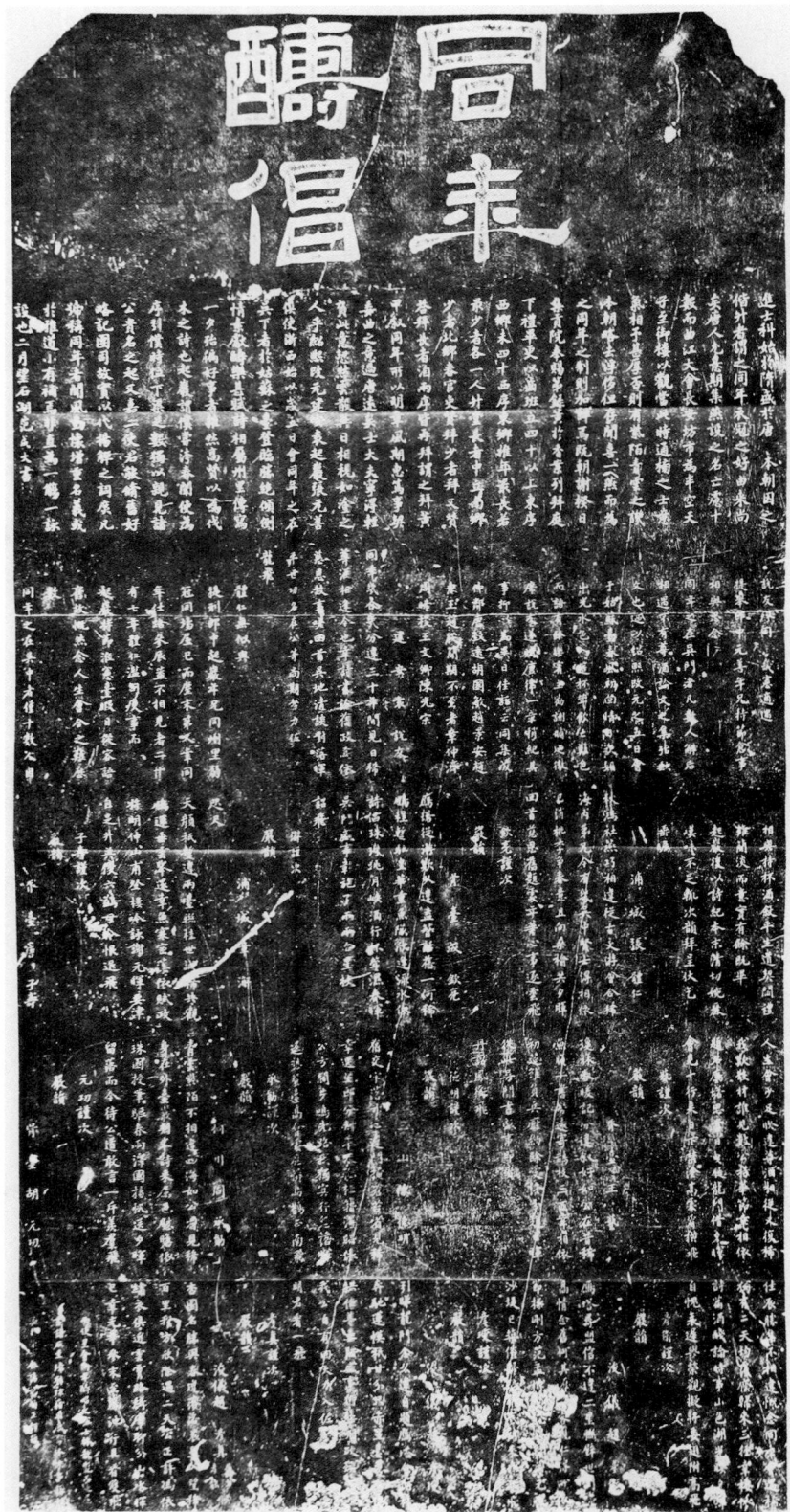

ST/040　同年酬唱碑（袁説友等同年唱酬詩碑）　（宋）袁説
友等撰詩　（宋）范成大撰序并書　（宋）龔頤正跋

南宋紹熙元年（1190）二月書　江蘇省蘇州市

清末民國拓本　1張　153 cm×77 cm

正書，額隸書

額題：同年酬倡
倉永齡題簽：章式之贈，
碑在蘇州

萬歲　皇帝

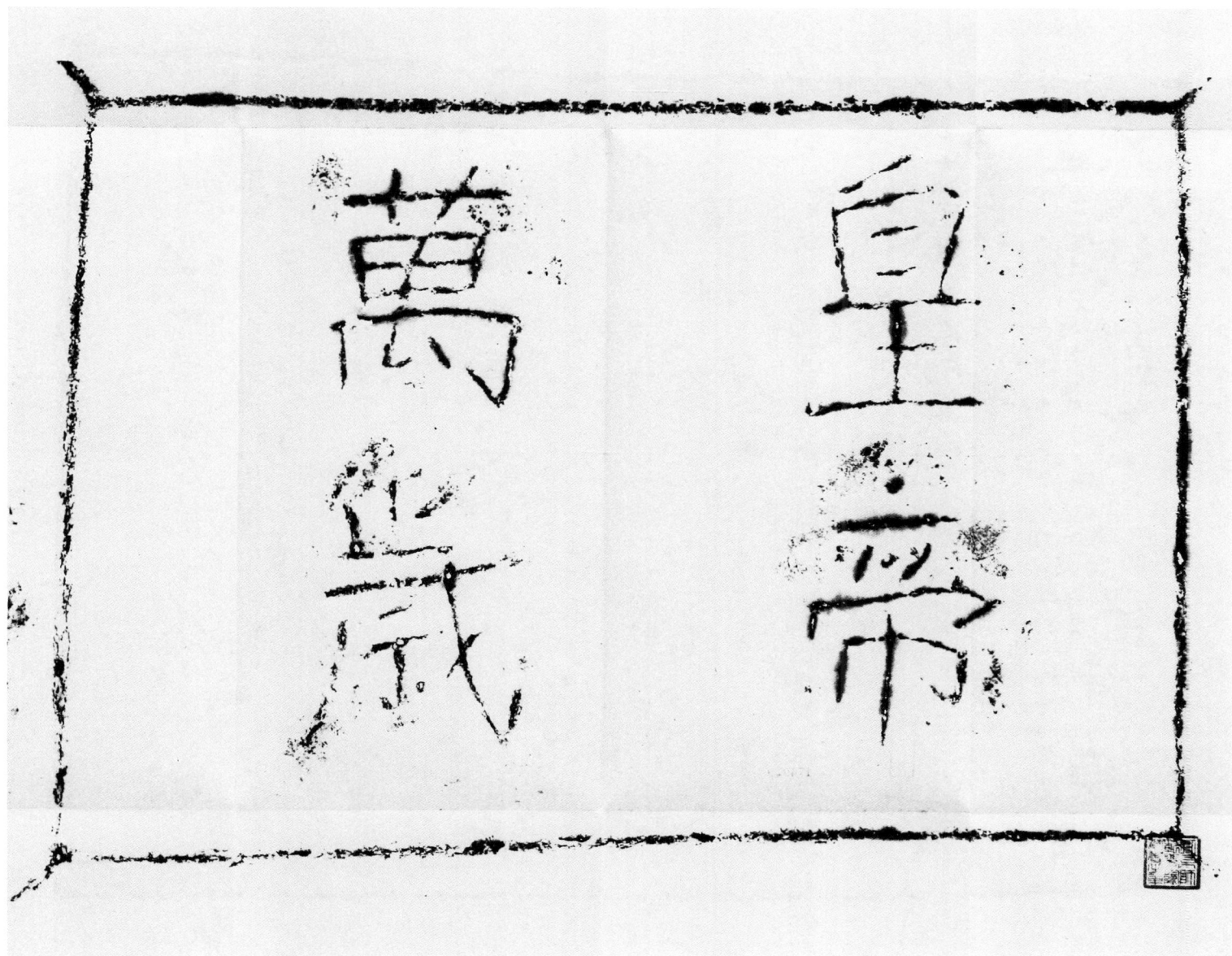

PT/416　大明禪院鐘識　佚名撰

金承安二年（1197）六月二十四日鑄　山東省聊城市

清末民國黃蓮溪拓本　16張　30 cm×50 cm（一），41 cm×53 cm（二），40 cm×53 cm（三），40 cm×53 cm（四），35 cm×48 cm（五），38 cm×51 cm（六），34 cm×51 cm（七），42 cm×53 cm（八），40 cm×55 cm（九），41 cm×51 cm（十），37 cm×54 cm（十一），36 cm×47 cm（十二），41 cm×54 cm（十三），41 cm×54 cm（十四），39 cm×53 cm（十五），38 cm×50 cm（十六）

正書

首題：大明禪院
倉永齡題簽：
（一）：鐘在山東聊城西北隅
（二）：辛酉春，函囑黃蓮溪訪拓，蓮溪博學好古，亟拓贈此本；[黃蓮溪]博學好古，不減武氏，即親至鐘所，披荊剔蘚，拓寄一通，一旦獲此，喜不自勝

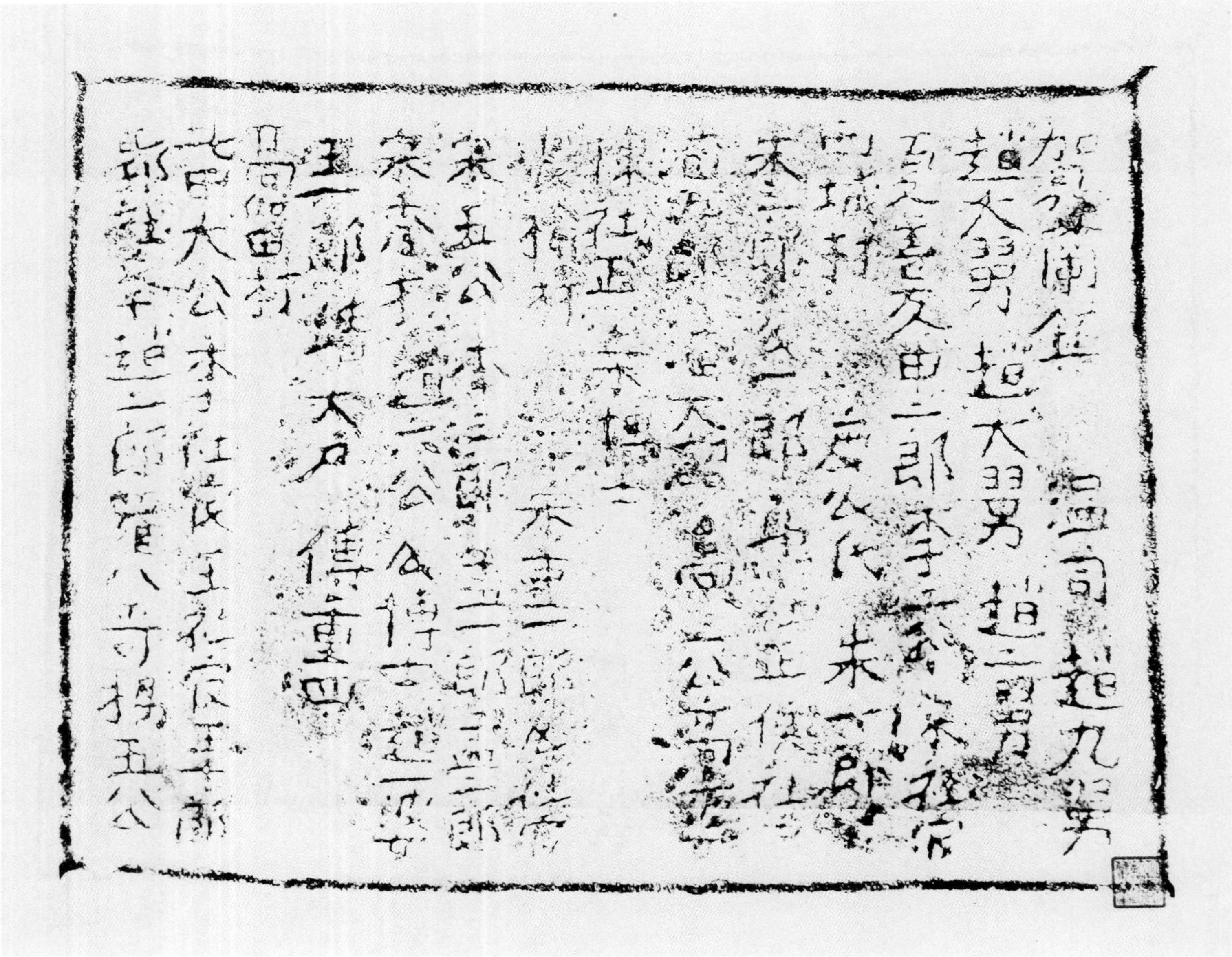

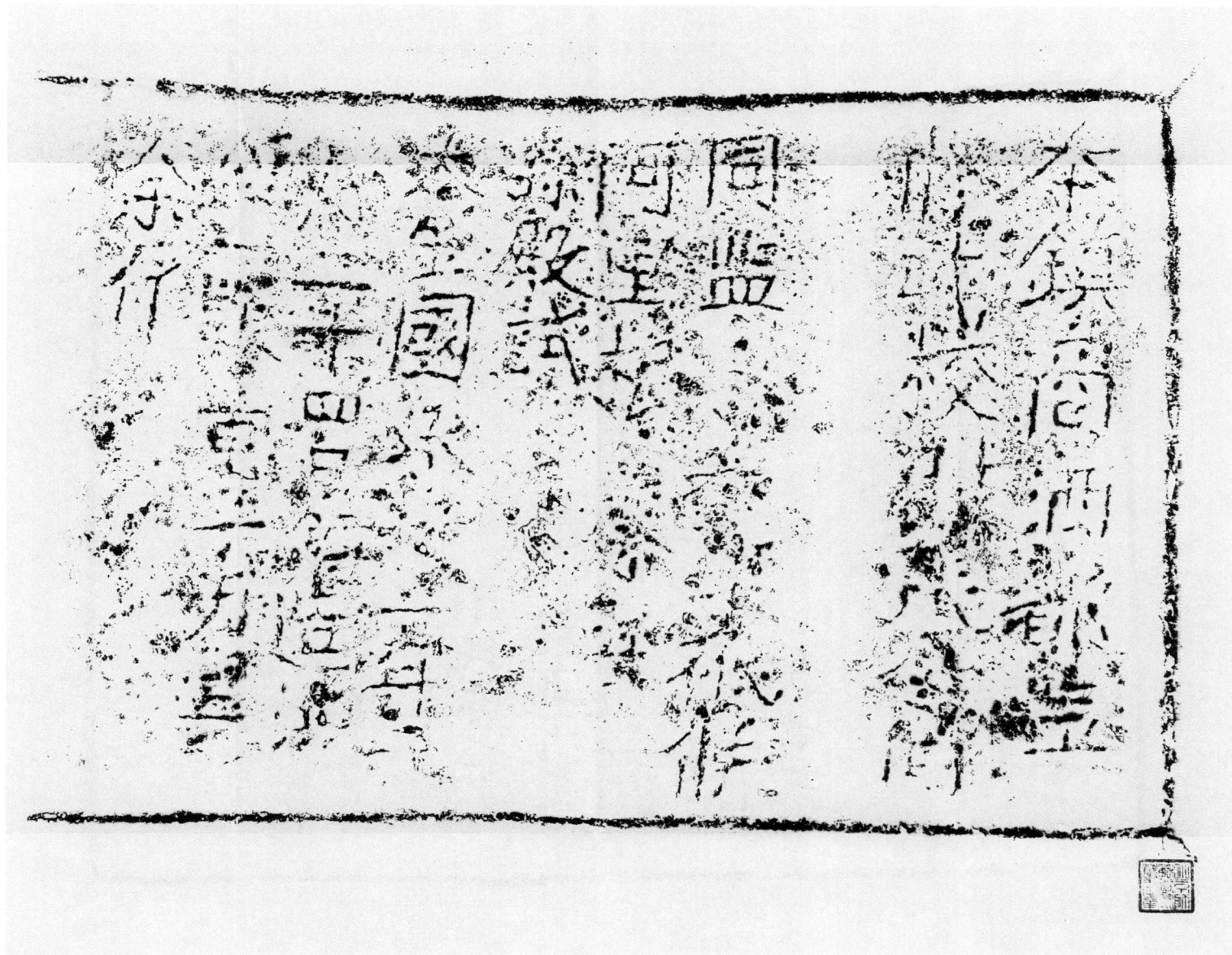

信州維那頂村
役八牧妻□人
趙趕重一郎妻化□
□□郡處定□□
□三牧後人□下□李六
銀主一郎 □公 路五公
兄宗祐院主
戒重五郎 徐一郎□三郎
□□苗三郎
鑄□□□重一郎
西俊右 王念三郎
信州此周三公 周五公
堂邑一郎妻周氏信州東□□□

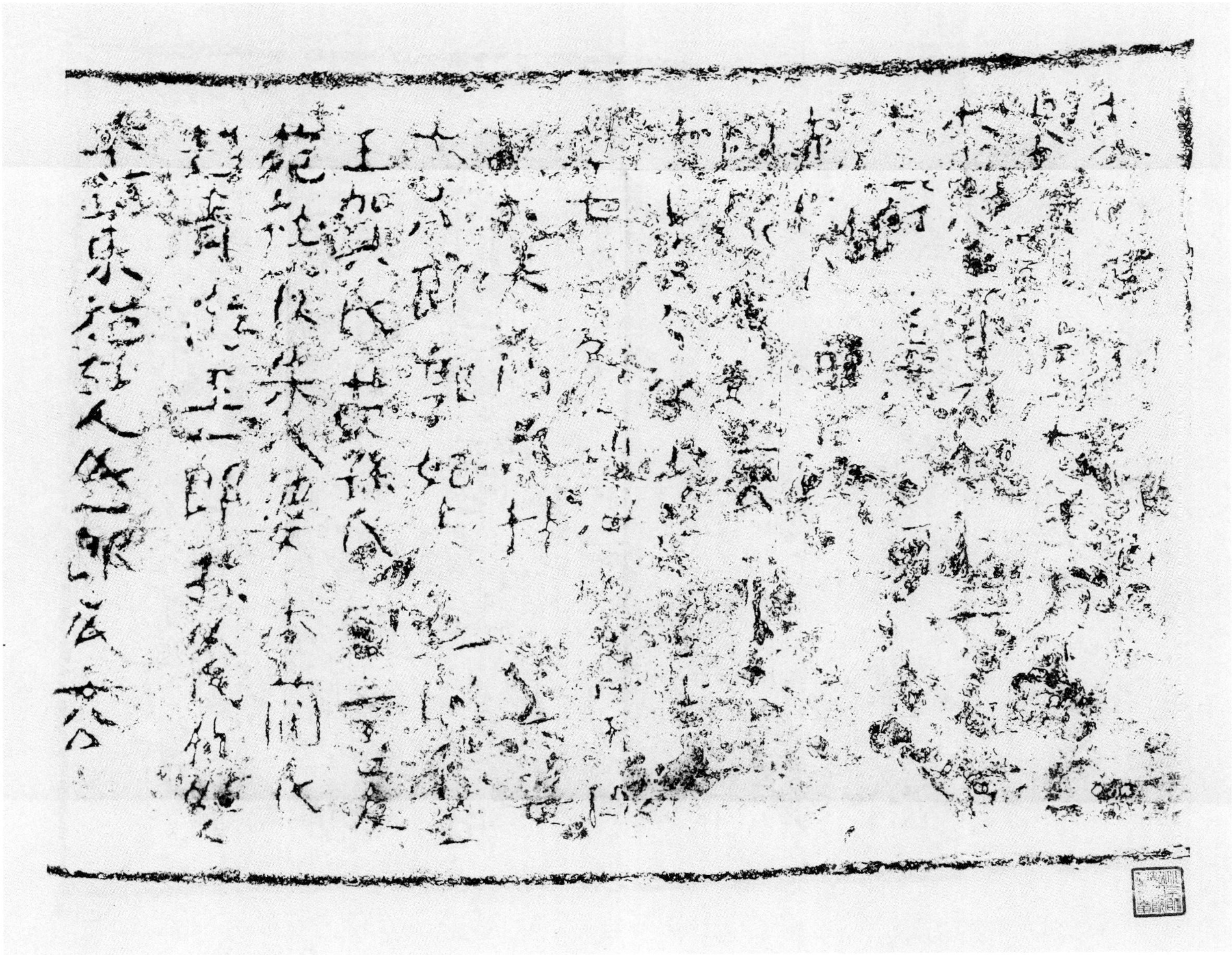

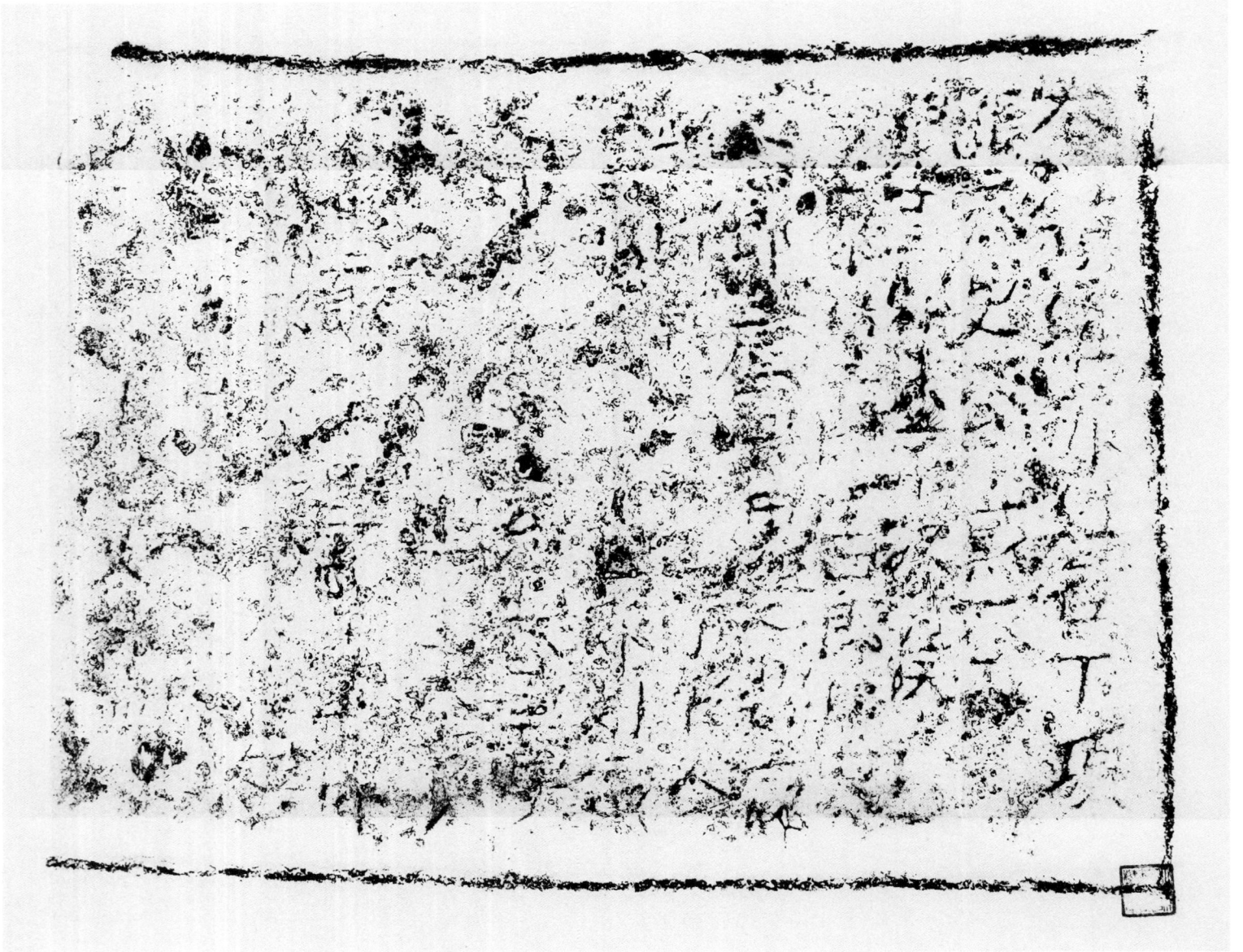

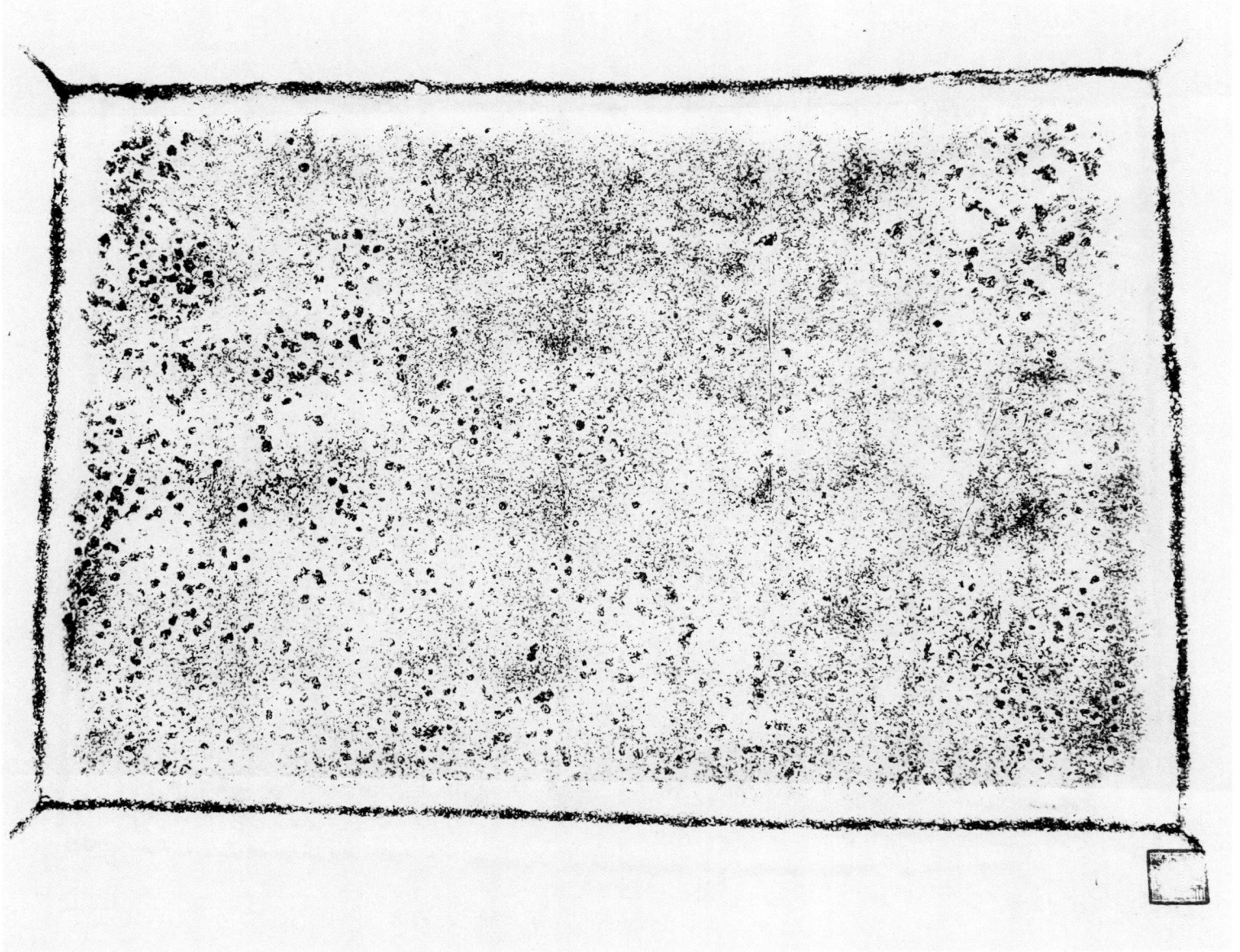

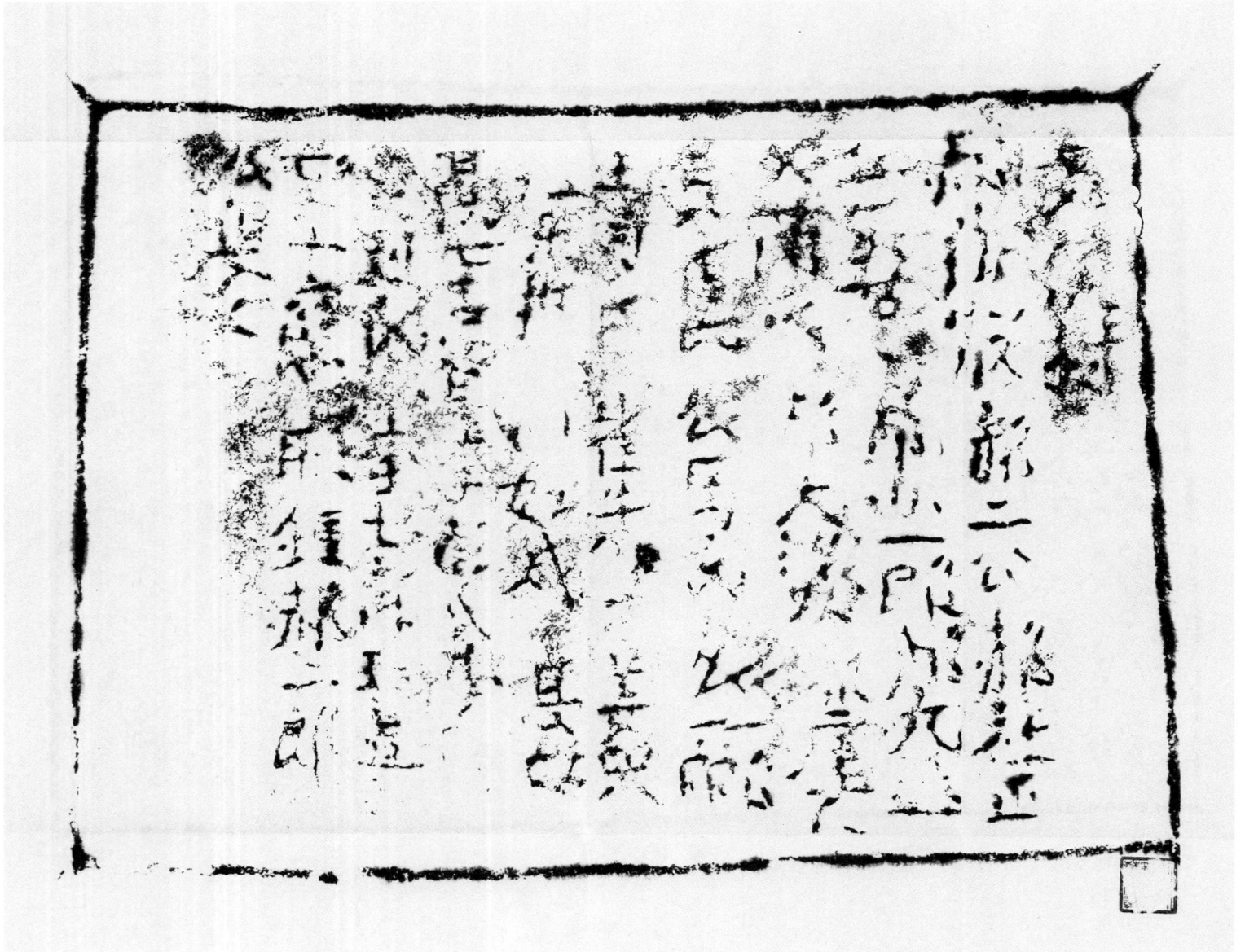

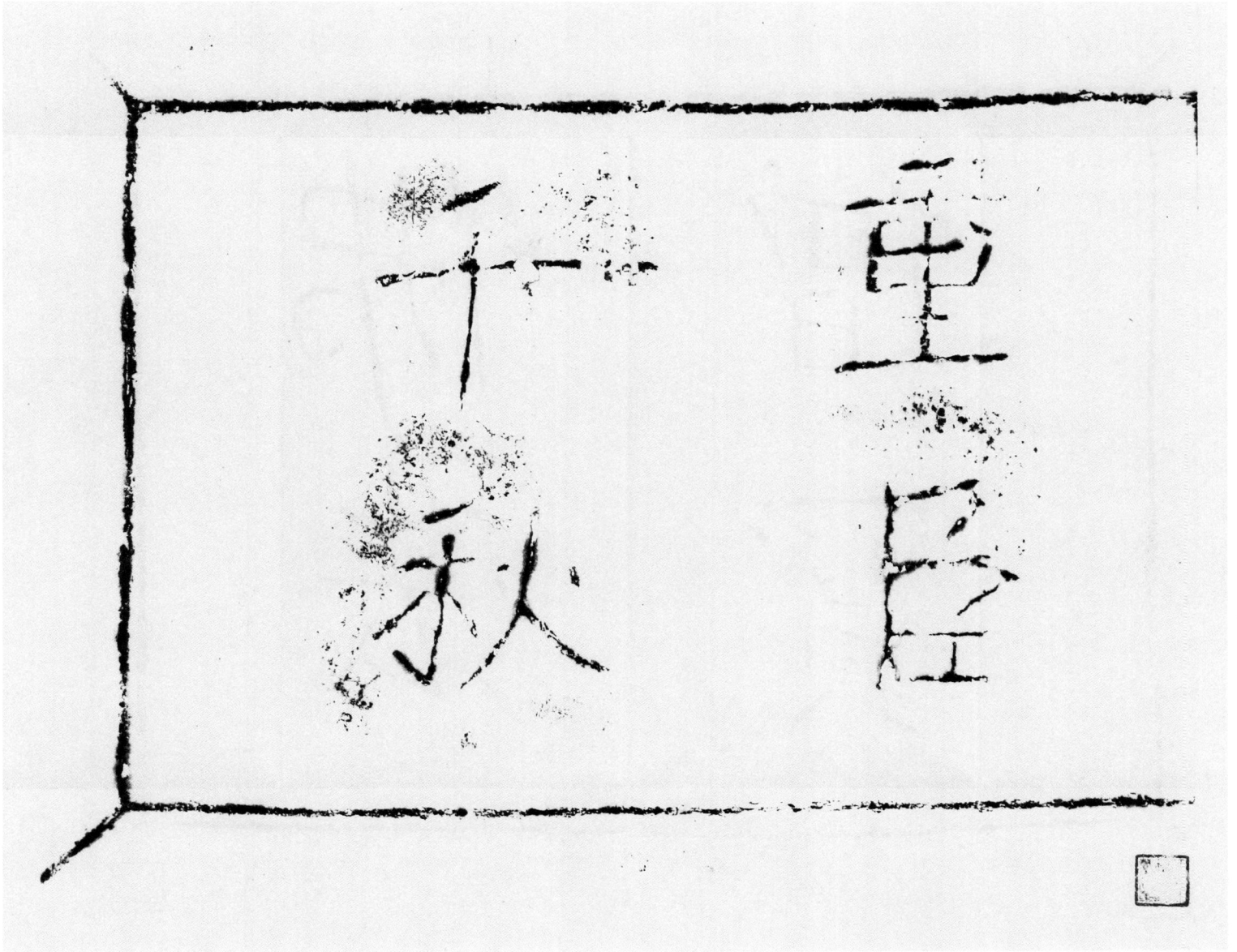

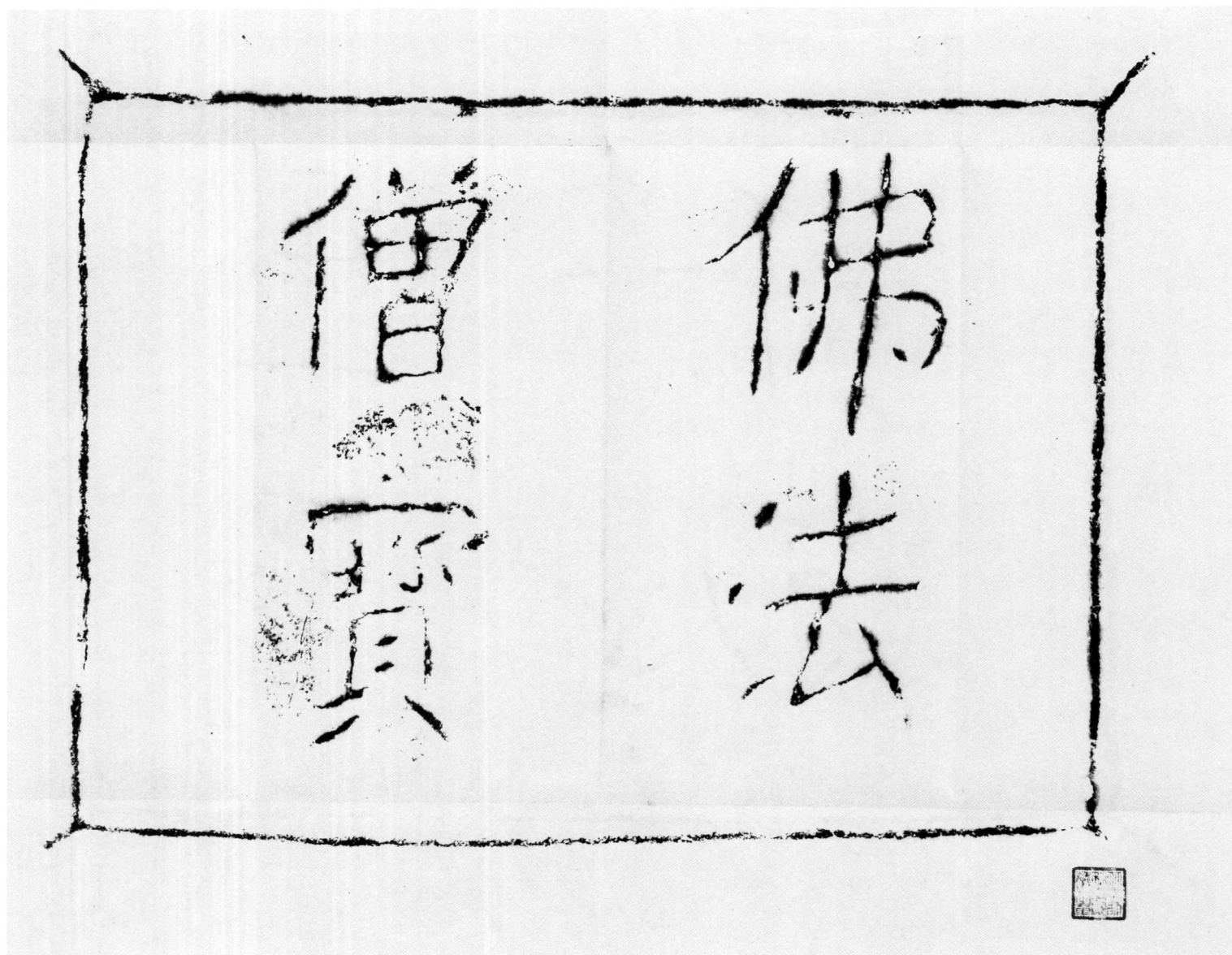

PT/031　靈慶公神堂碑陰記　（唐）劉宇撰并書

唐貞元十三年（797）七月二日記，元至元二十七年（1290）八月二十日重立　山西省運城市鹽池神廟

民國三年（1914）拓本　1張　178 cm×86 cm

正書

首題： 靈慶公神堂碑陰記
倉永齡題簽： 碑在山西運城鹽池廟，甲寅年拓

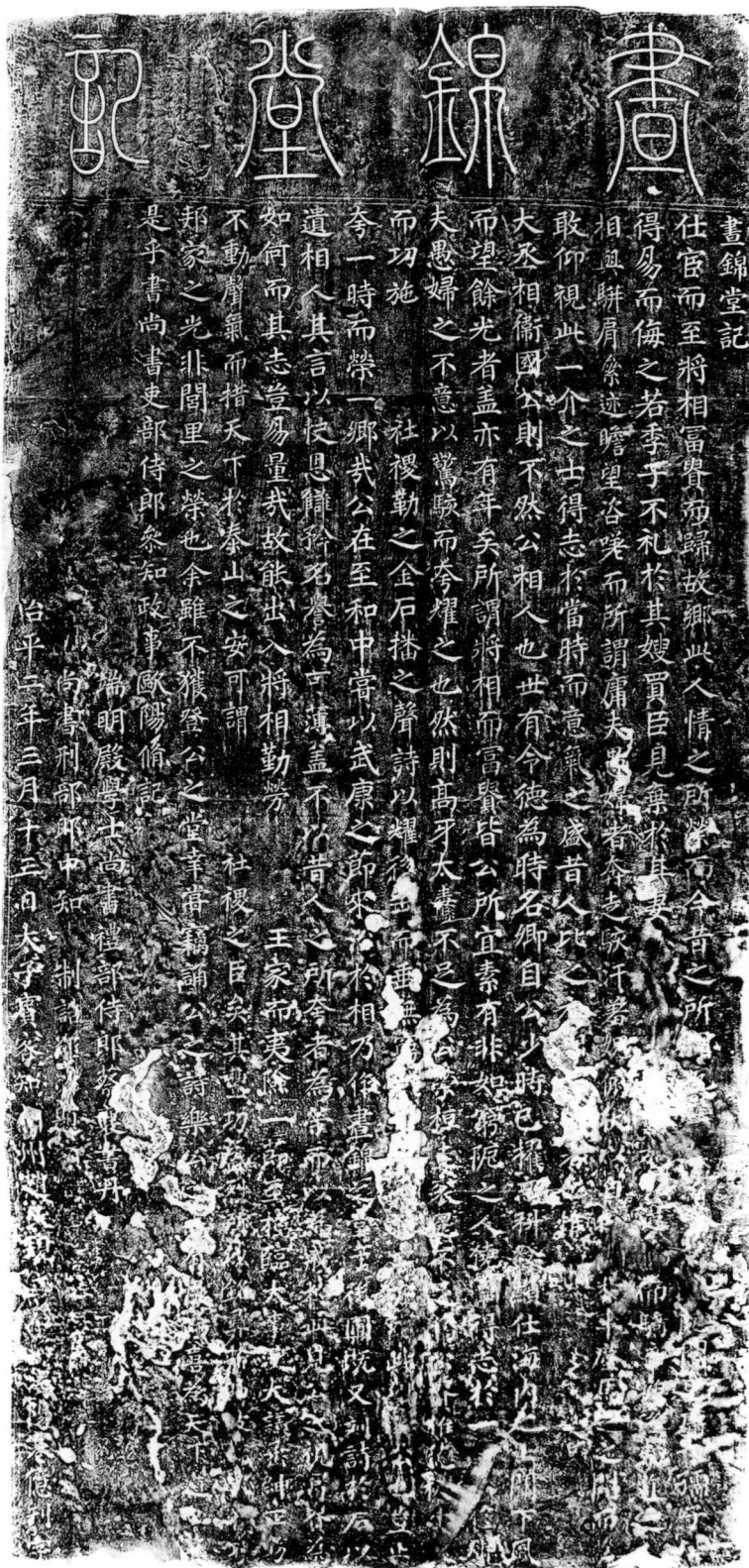

ST/036　晝錦堂記　（宋）歐陽脩撰　（宋）蔡襄書　（宋）邵必篆額　（宋）蹇億刊

北宋治平二年（1065）三月十三日刻，元至元年間（1264—1294）重新摹刻　河南省安陽市

清末民國拓本　1張　242 cm×111 cm

正書，額篆書

首題： 晝錦堂記
額題： 晝錦堂記
倉永齡題簽： 在安陽

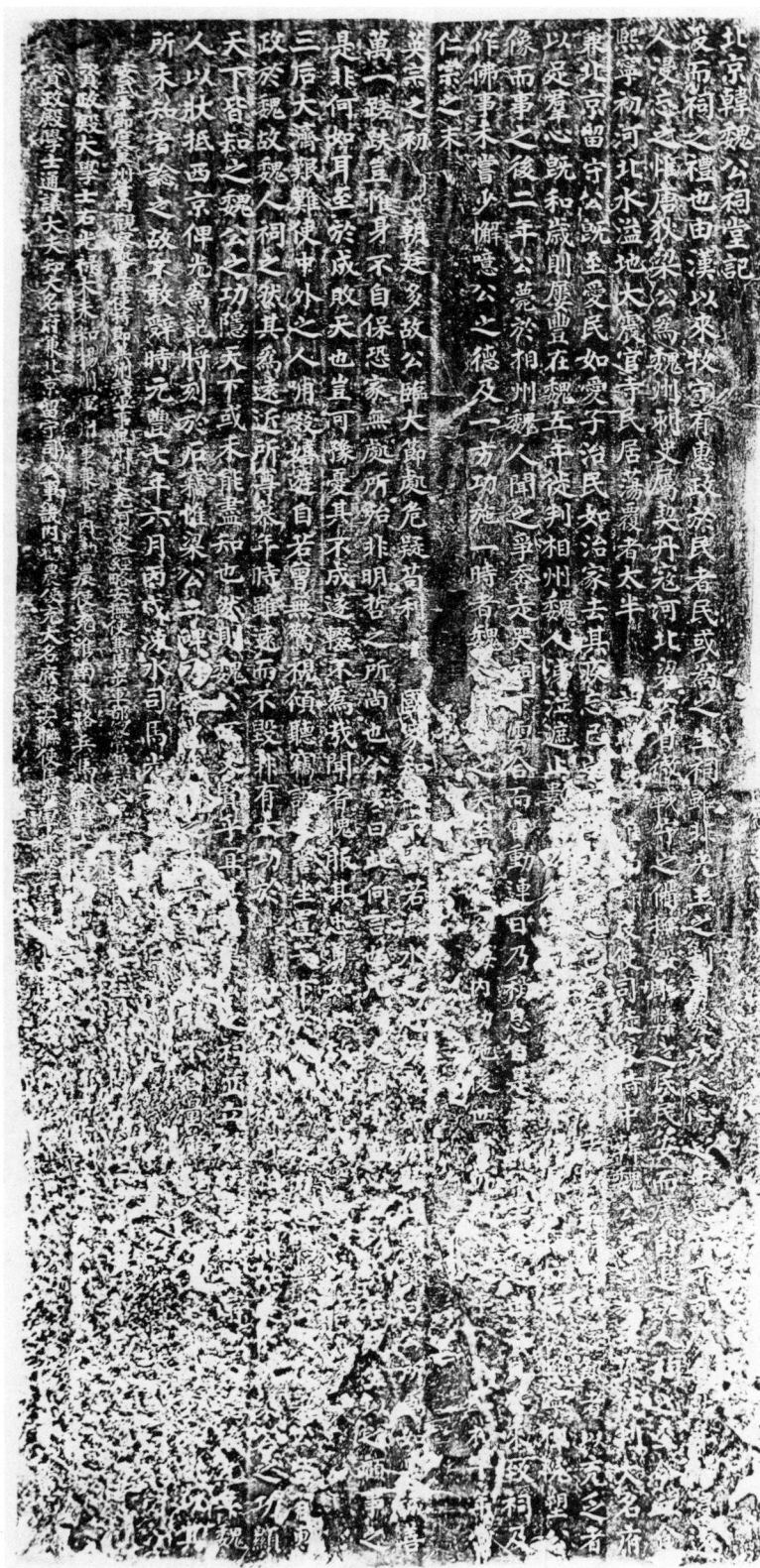

ST/037　韓魏公祠堂記　（宋）司馬光撰　（宋）蔡襄書

北宋元豐七年（1084）六月十八日記，元至元年間（1264—1294）重新摹刻　河南省安陽市

清末民國拓本　1張　244 cm×112 cm

正書

首題：北京韓魏公祠堂記
倉永齡題簽：在安陽；《晝錦堂記》碑陰

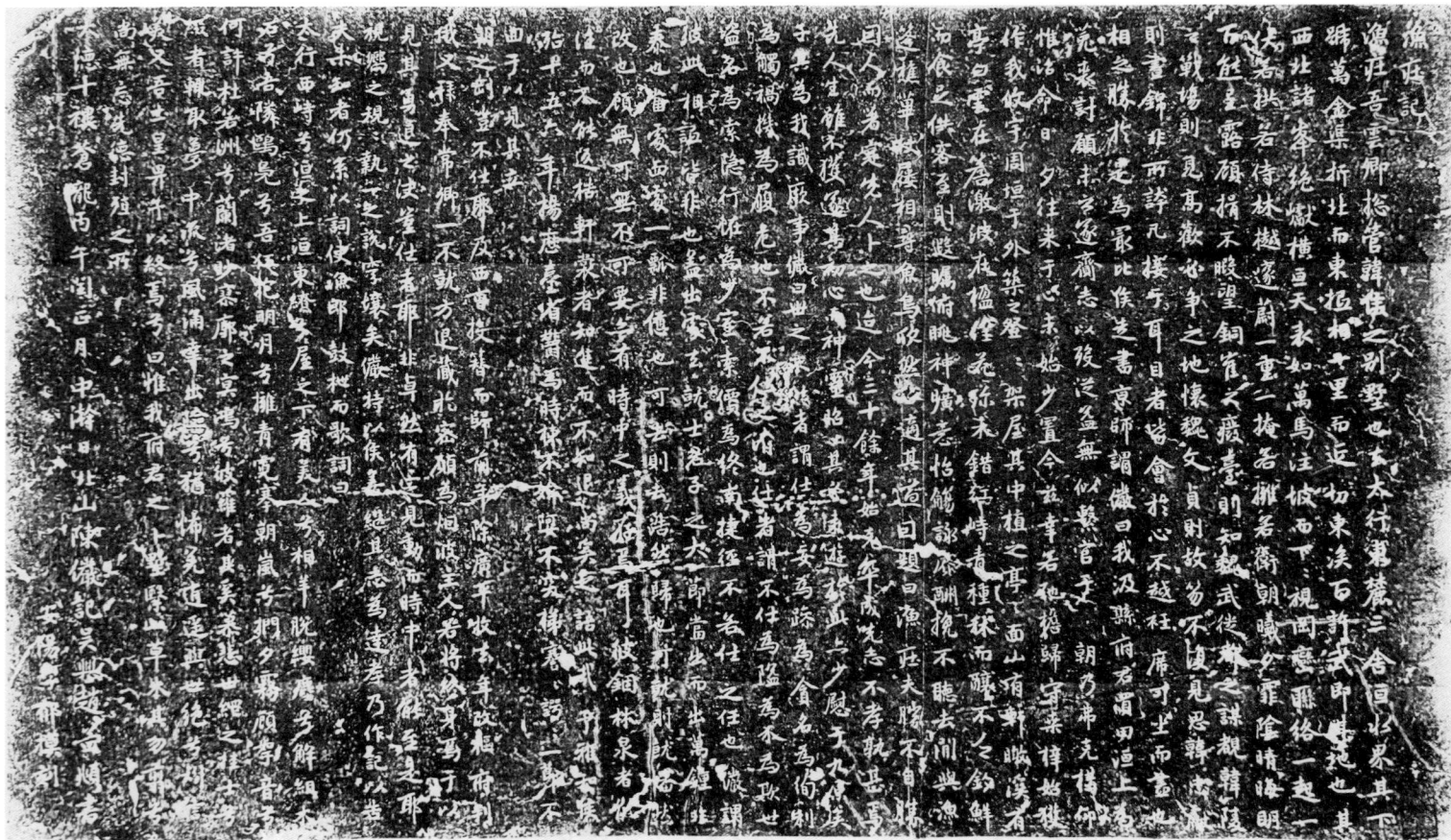

PT/432　漁莊記　（元）陳儼撰　（元）趙孟頫書　（元）李郁造

元大德十年（1306）閏一月中澣日刻　河南省安陽市

清末民國拓本　1張　61 cm×104 cm

行書

首題： 漁莊記
鈐印： 倉永齡印
倉永齡題簽： 庚申冬得於
津沽

PT/684　石鼓文音訓　（元）潘迪撰并書　（元）潘迪跋尾　（元）茅亮造

元至元五年（1339）五月二十六日刻　北京市東城區孔廟

清至民國拓本　2張　89 cm×87 cm（陽），89 cm×87 cm（陰）

文正書，額篆書，跋隸書

首題：石鼓文音訓
額題：石鼓文音訓

右石鼓文十其辭類風雅叅多
磨滅不可辨世傳周宣王獵碣
初在陳倉野中唐鄭餘慶始遷
之鳳翔宋大觀中從開封靖康
末金人取之以歸于燕
聖朝皇慶癸丑始置
大成至聖文宣王廟門之左右
噫物之顯晦自有時耶鼓之所
自先儒辨說已詳固不敢妄議
然其文曰天子永寧則為臣下
祈祝之辭無疑又曰公謂天子
則似是畿內諸侯從王于狩臣
下述其君語天子之言呼公之
時世雖不可攷但其字畫高古
非秦漢以下所及而習篆籒者
不可不宗也迪自為諸生往來
鼓旁每撫玩弗忍去距今纔三
十餘年昔之所存者今已磨滅
數字不知後今千百年所存又
何如也好古者可不為之護
哉問取鄭氏樵施氏宿薛氏尚
功王氏厚之等數家之說考訂
其音訓刻諸石俾習篆籒者有
所稽云至元己卯五月甲申奉
訓大夫國子司業潘迪書
翰林侍 講學士通奉大夫知
制誥同脩 國史兼國子祭酒
歐陽玄承事郎典簿尹忠承直
郎博士黃溍奉議大夫助教祁
君璧從仕郎助教劉聞承務郎
助教趙璉從仕郎助教康若泰
同校

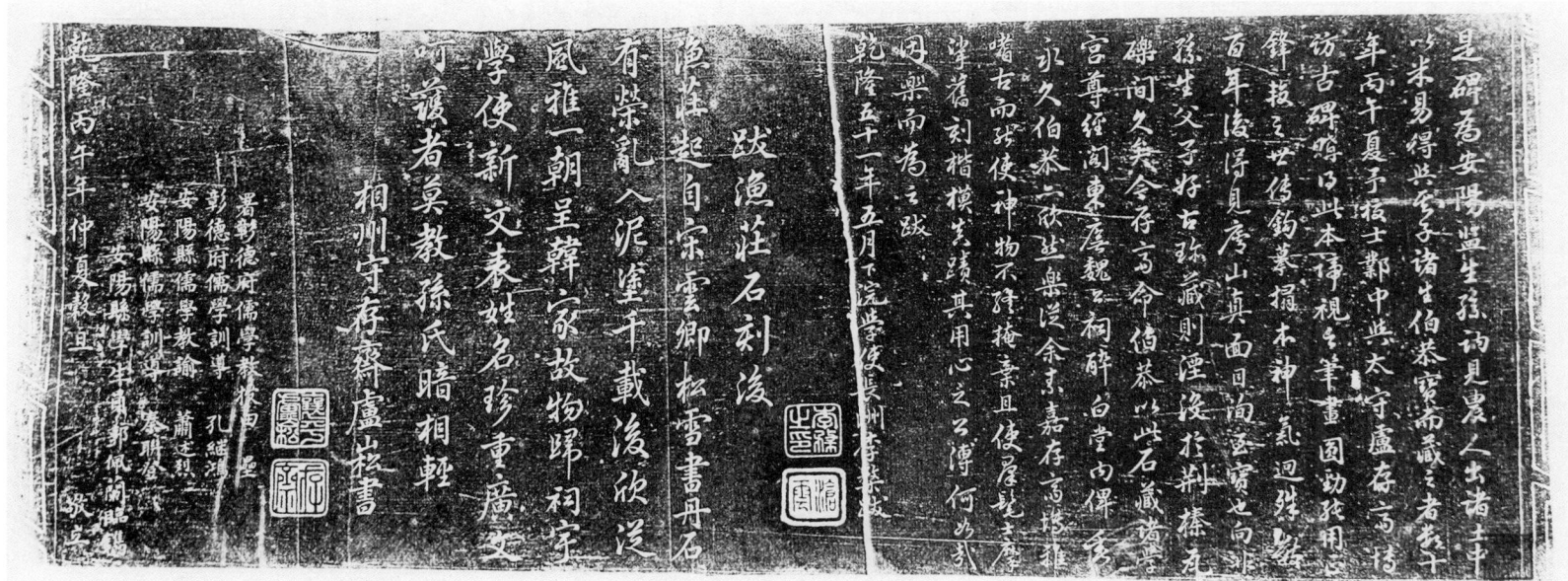

PT/433　漁莊記跋　（清）李棨撰并書　（清）盧崧撰并書　（清）郭佩蘭鐫

清乾隆五十一年（1786）五月立　河南省安陽市

清末民國拓本　1張　31 cm×83 cm

行書，款正書

盧崧跋首題：跋漁莊石刻後

PT/092 武氏祠石記（重立漢武氏祠石記） （清）翁方綱撰
并書 （清）鄭支宗摹刻

清乾隆五十二年（1787）十月一日刻 山東省濟寧市嘉祥縣武翟山

清末民國拓本 7張 32 cm×86 cm（一），32 cm×87 cm（二至四），32 cm×88 cm
（五），31 cm×87 cm（六），32 cm×87 cm（七）

附刻：各家資助題記

隸書，額篆書

首題及額題： 重立漢武氏
祠石記

直閣事詹事府
注官文淵閣
夫講起居
月朔旦通奉大十
歲在一未冬年
奐隆在一二
如諫惜石十
芋斯之富
郢者也富何
山所振後扉三
惠洪結里開
盧貝聞千重文
乎適按遠裒一
旦得通具真易
營旦想之状一
人十丰以末心

詹事兼翰林院
侍讀學士提督
江西學政大興
翁方綱撰并書

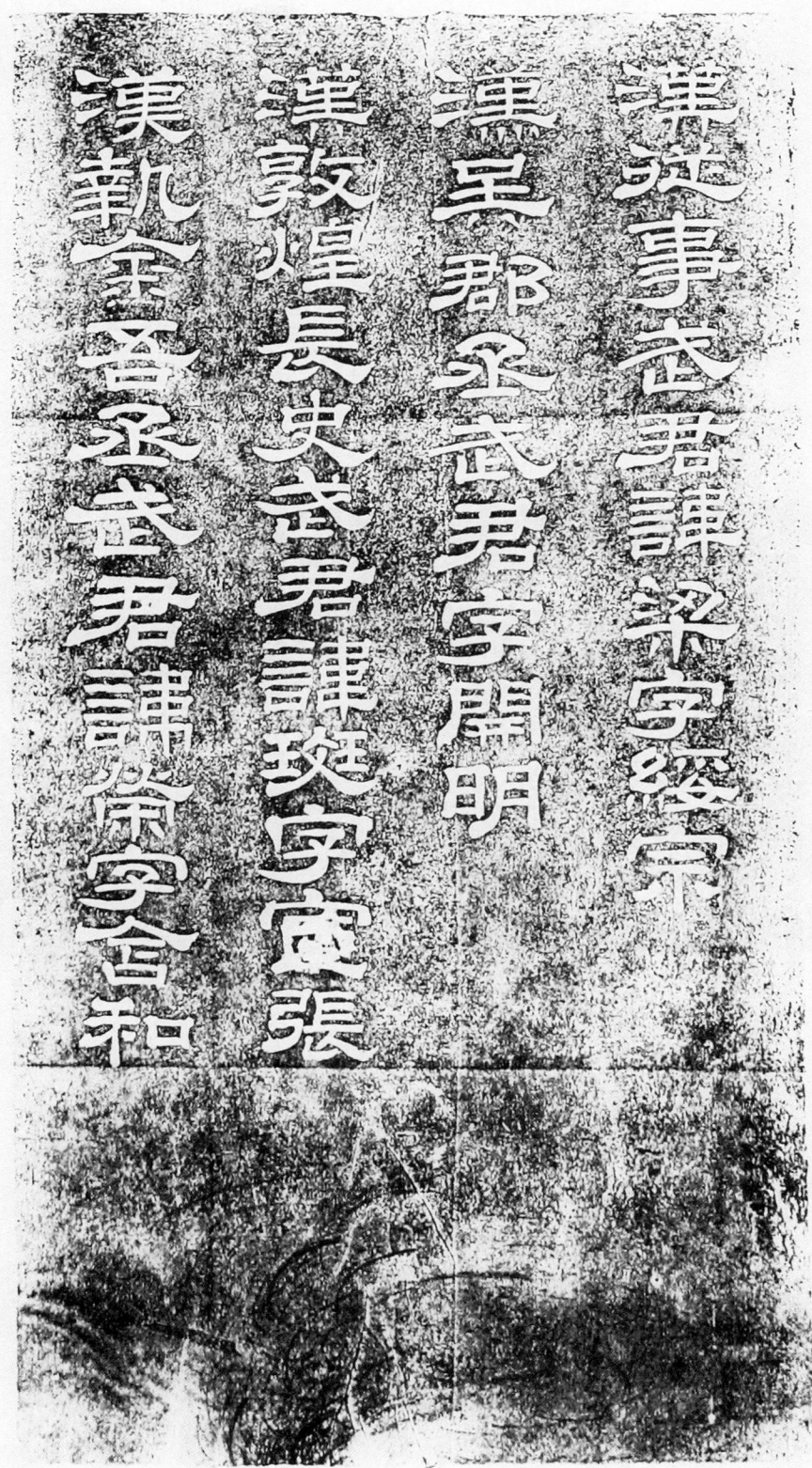

PT/099　武氏官職名號碑　（清）李東琪書

清乾隆五十七年（1792）五月刻　山東省濟寧市嘉祥縣武翟山

清末民國拓本　1張　63 cm×33 cm

隸書

PT/100　錢泳觀漢武氏石室題記　（清）錢泳撰并書

清乾隆五十七年（1792）六月記　山東省濟寧市嘉祥縣武翟山

清末民國拓本　1張　32 cm×87 cm

附刻：清光緒九年（1883）題記

隸書

PT/700　甘泉山獲石記　甘泉山石字拓本跋　甘泉山石字歌寄芸臺中丞墨卿郡守　（清）阮元撰并書　（清）翁方綱撰并書　（清）翁方綱撰并書

清嘉慶十一年（1806）書　江蘇省揚州市

清末民國拓本　3張　31 cm×82 cm（一），31 cm×82 cm（二），31 cm×84 cm（三）

行書

第一石首題：甘泉山獲石記

第二石首題：甘泉山石字拓本跋

第三石首題：甘泉山石字歌寄芸臺中丞墨卿郡守

甘泉山石字拓本跋

儀徵阮中丞於甘泉山寺得石有
文曰中殿第廿八又曰弟百卅揚州
郡守伊公拓以見示中丞據舊志有
漢廣陵王冢按廣陵屬王胥武帝
元狩六年封宣帝時坐祝詛自殺
元帝初元二年復立胥子霸此文
稱中殿弟廿八弟百卅則是胥為
王時自造宮殿有此刻文非冢中石
也漢刻家在前者篆初變隸
橫直無波榮若東漢之初永平六
年鄐君開石門刻字尚是篆甫
變隸而古意猶及此遠矣此刻
雖無歲月當与五鳳二年石字並
為西漢古刻無疑屬王自毅國除
在五鳳四年則此應更在前蓋
當在昭宣之間帥五鳳二年石
為更古尔

嘉慶十一年夏五月北平翁方綱

甘泉山石字歌寧芸臺中丞墨卿

郡守

五鳳三年石非甄米老誤作陶瓶
傳今茲鑱揚得古石其文尚在
慶鑱先第廿第百記中殿漢
屬王篆圖經沿廣陵圭社竟修
廉都會傑構飛甍麗當時甃礎
罄千億壁瑤俑指瓊環駢頤陽歌
舞毿煙霧不及石字留頑墮至今靈
煙記禱雨幾泓翠墨灞蝸涎惟
昔八分自二篆篆慶生鑱方生圓
初具橫從匪沒榮急就未續風
特篇偶然紀數極卅一洗後

代此池妍縮之名摹甲乙次奠
嘗古器隆款然多年廟燬今
瞞壁中丞雅遘太守賢中丞昔
琢五鳳研八瓿精含誰差肩此
石特為二公出刻文又出五鳳前
歐陽不見西漢字王禕繞述古瓦
編林佩近諸永典篆此石地恰名
甘泉墨卿篆學過林臾拓寧細
楷寸楷邊邢上書工煙月語今也
鉅詁冨傳篋此石字可無憾此
光末淺餘千年五鳳舊本同
瞬軸玉虹一氣來星躔

五月望後二日卅葉   方佩
道光廿年春婁水郎甌烈觀于揚州府學

PT/474 唐襄陽郡張氏墓碑跋 （清）興存撰并書 （清）董培庵刻

清道光二十二年（1842）書　湖北省襄陽市

清末拓本　1張　31 cm×92 cm

行書

首題：唐襄陽郡張氏墓碑跋
鈐印：澹盦收藏

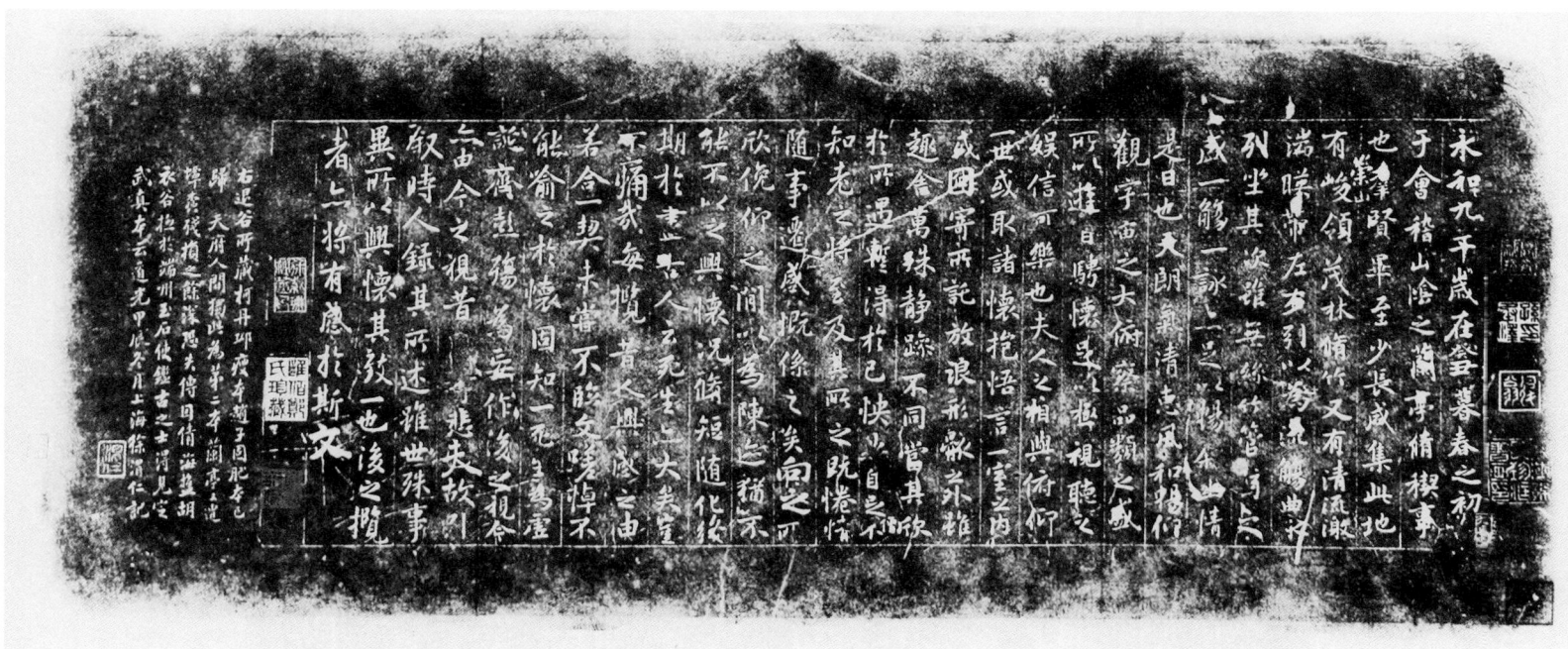

ST/147　徐渭仁摹刻定武蘭亭序（徐渭仁摹刻柯九思藏定武蘭亭序）　（晋）王羲之撰并書　　（唐）歐陽詢臨摹　　（清）胡有聲摹刻

清道光二十四年（1844）十一月翻刻　刻立地不詳

清末民國拓本　1張　79 cm×33 cm

行書

鈐印：澹盦金石、倉氏金石文字

倉永齡題簽：翻柯丹邱藏本，石在天津；庚申得於天津

唐順陵碑在縣北原武后追尊其母楊氏碑也立於

長安二年正月武三思撰文相王旦書用武氏製字

按石墨鎸華云碑已仆於乙卯之地震而比於縣令

之俛淂乾隆間未楓著雍州金石記云近於渭淂妼

崩迄三段一移縣署二在民間一存百三十又字一

存四十八字又一存三十六字余莅咸邑詢知三段

俱在署內其一百三十又字者已裂為二一存六十

字一存又十二字其四十八字者今存四十字三

十六字者僅存二十又字凡日消磨蓋已剝蝕不少

其因飾工嵌之東壁以耗不朽并識其巔末乃歡陵

谷變遷而此碑之殘字猶存殆亦有數存焉耳

道光戊申盂冬之月咸陽令番禺姚國齡壽農民記

PT/396　唐順陵碑題跋　（清）姚國齡撰并書

清道光二十八年（1848）十月記　陝西省咸陽市

清末民國拓本　1張　55 cm×40 cm

隸書

鈐印：澹盫金石
倉永齡題簽：己未

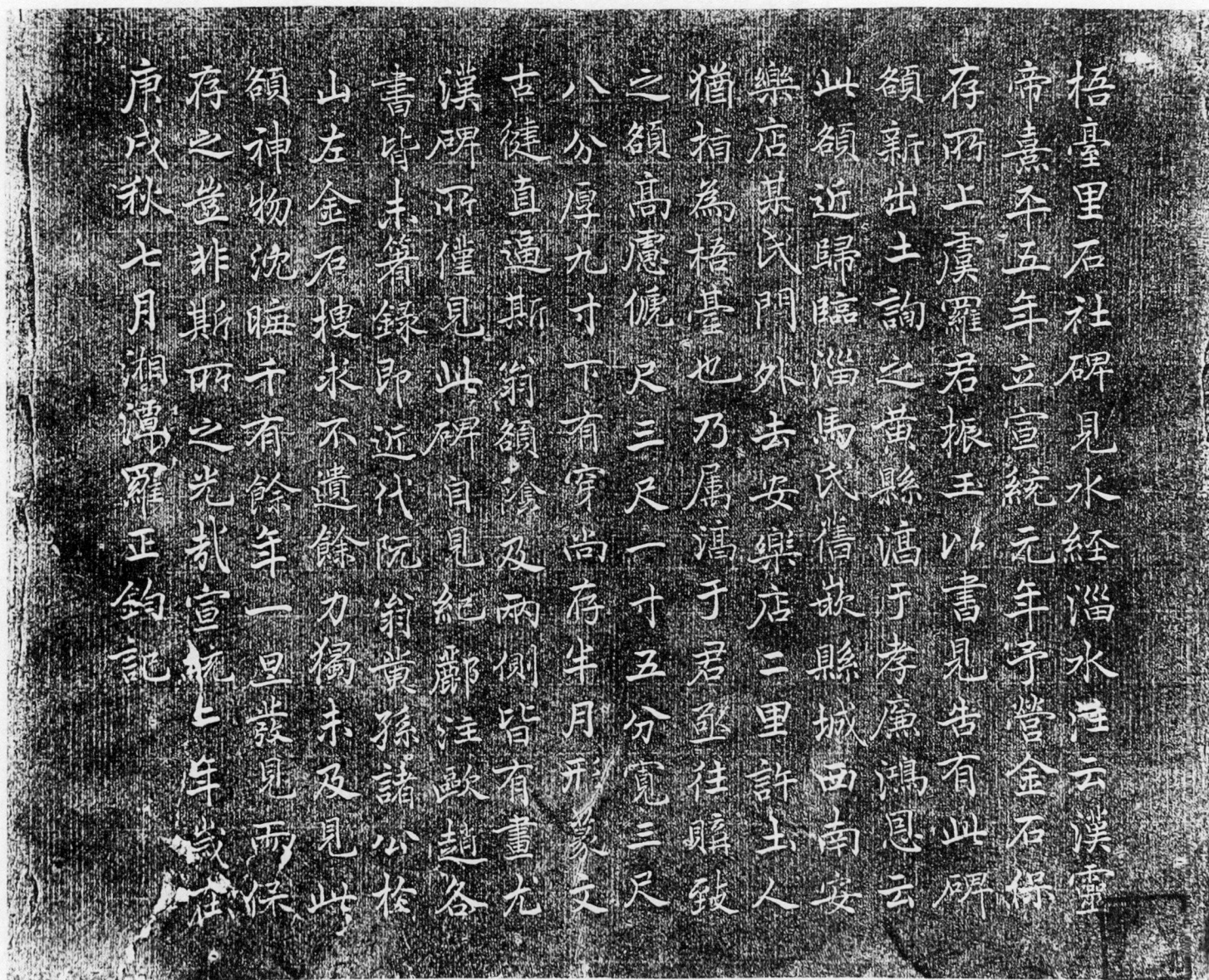

PT/714　梧臺里石社碑題記　羅正鈞撰并書

清宣統二年（1910）七月記　山東省淄博市臨淄區安樂店村

清末民國拓本　1張　28 cm×34 cm

正書

ST/413 帝廟記殘石 佚名撰

刻立年不詳　河北省邢臺市隆堯縣出土

清末民國拓本　1張　52 cm×28 cm

正書，額篆書

額題：帝廟記

倉永齡題簽：直隸唐山縣出土

倉永齡夾簽題：王充安名文沼，據云此係與韓公斷買之，殘爲一塊，今尚在

PT/407　佛說寶梁經石刻（佛說寶梁經沙門品第一　比丘品第二）　佚名撰

刻立年不詳　刻立地不詳

清末民國拓本　1張　140 cm×59 cm

正書

首題： 佛說寶梁經沙門品第一

鈐印： 倉氏金石文字、錫青

倉永齡題簽： 辛酉冬月得

PT/682　路公食堂畫像題字（漢嚴氏食堂畫像　路公食堂題記　食堂畫像殘石）　佚名撰

新莽天鳳三年（16）刻　山東省濟寧市汶上縣出土

清末民國拓本　1張　29 cm×63 cm

隸書

鈐印：倉氏金石文字、澹盦

倉永齡題簽：山東新出土，黃蓮溪寄贈。據云，石售與外人，後有人欲備價贖回，而外人不肯，石之所在竟不可考。第一行年號不可辨，下爲"元年二月□日"，第二行似是"元康三年"。按，元康爲宣帝年號。然，則此石爲西漢物矣。石之存否尚不可知，得此拓本至可珍貴。庚申冬月雪窗澹盦識

PT/054　武氏祠畫像·武梁祠（一）（武梁祠畫像　武氏墓群石刻）　佚名繪

東漢建和元年至東漢末年（147—220）刻　山東省濟寧市嘉祥縣武翟山出土

清末民國拓本　1張　110 cm×135 cm

PT/055　武氏祠畫像・武梁祠（二）（武梁祠畫像　武氏墓群石刻） 佚名繪

東漢建和元年至東漢末年（147—220）刻　山東省濟寧市嘉祥縣武翟山出土

清末民國拓本　1張　100 cm×135 cm

PT/056　武氏祠畫像·武梁祠（三）（武梁祠畫像　武氏墓群石刻）　佚名繪

東漢建和元年至東漢末年（147—220）刻　山東省濟寧市嘉祥縣武翟山出土

清末民國拓本　1張　110 cm×205 cm

PT/057　武氏祠畫像・前石室（一）（武梁祠畫像　武氏墓群石刻） 佚名繪

東漢建和元年至東漢末年（147—220）刻　山東省濟寧市嘉祥縣武翟山出土

清末民國拓本　1張　96 cm×145 cm

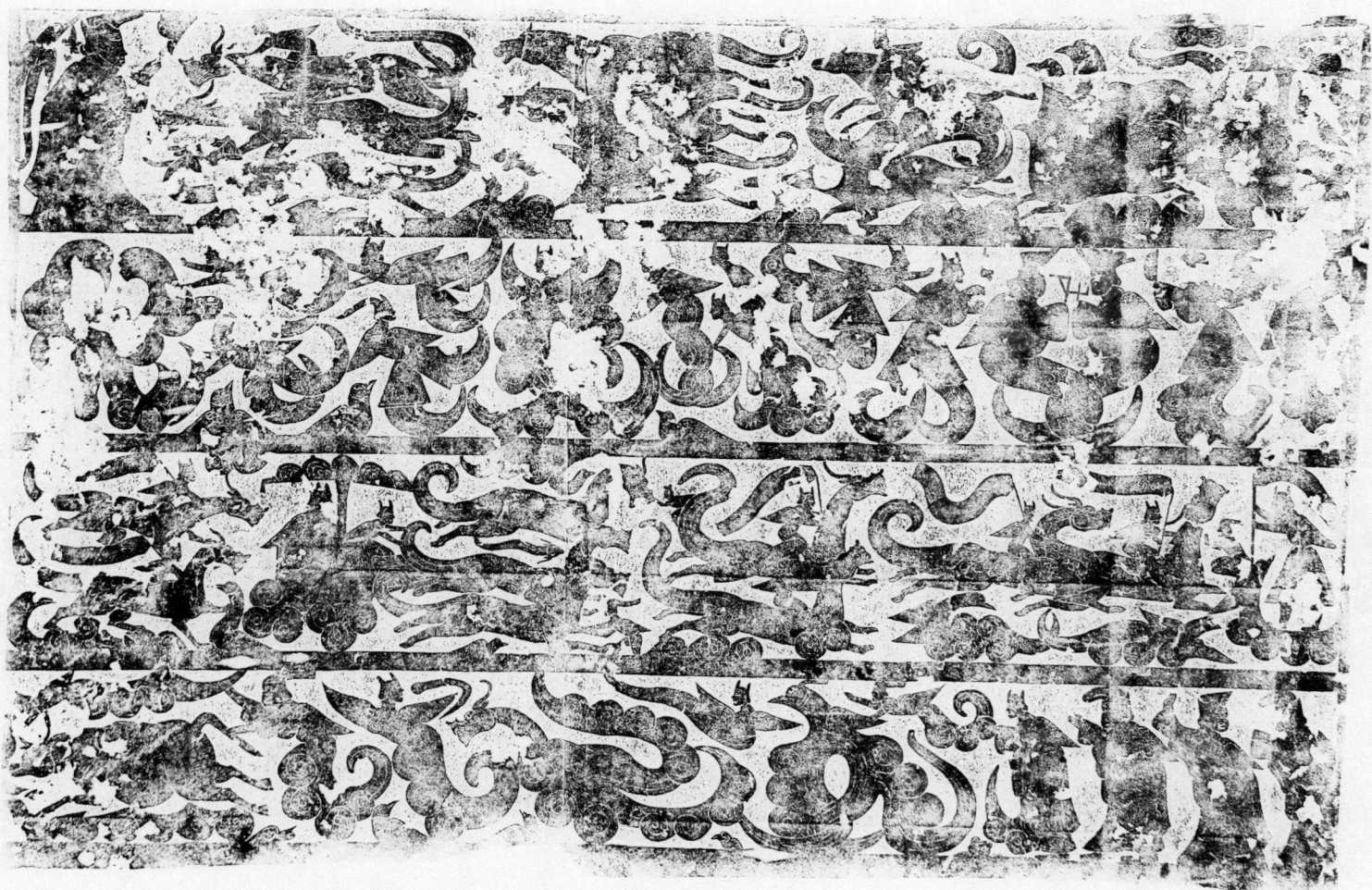

PT/058　武氏祠畫像・前石室（二）（武梁祠畫像　武氏墓群石刻）　佚名繪

東漢建和元年至東漢末年（147—220）刻　山東省濟寧市嘉祥縣武翟山出土

清末民國拓本　1張　97 cm×145 cm

PT/059 武氏祠畫像・前石室（三）（武梁祠畫像 武氏墓群石刻） 佚名繪

東漢建和元年至東漢末年（147—220）刻 山東省濟寧市嘉祥縣武翟山出土

清末民國拓本 1張 64 cm×196 cm

PT/060　武氏祠畫像·前石室（四）（武梁祠畫像　武氏墓群石刻）　佚名繪

東漢建和元年至東漢末年（147—220）刻　山東省濟寧市嘉祥縣武翟山出土

清末民國拓本　1張　78 cm×194 cm

PT/061　武氏祠畫像‧前石室（五）（武梁祠畫像　武氏墓群石刻） 佚名繪

東漢建和元年至東漢末年（147—220）刻　山東省濟寧市嘉祥縣武翟山出土

清末民國拓本　1張　32 cm×143 cm

**PT/062　武氏祠畫像·前石室（六）（武梁祠畫像　武氏墓群
石刻）**　佚名繪

東漢建和元年至東漢末年（147—220）刻　山東省濟寧市嘉祥縣武翟
山出土

清末民國拓本　1張　32 cm×323 cm

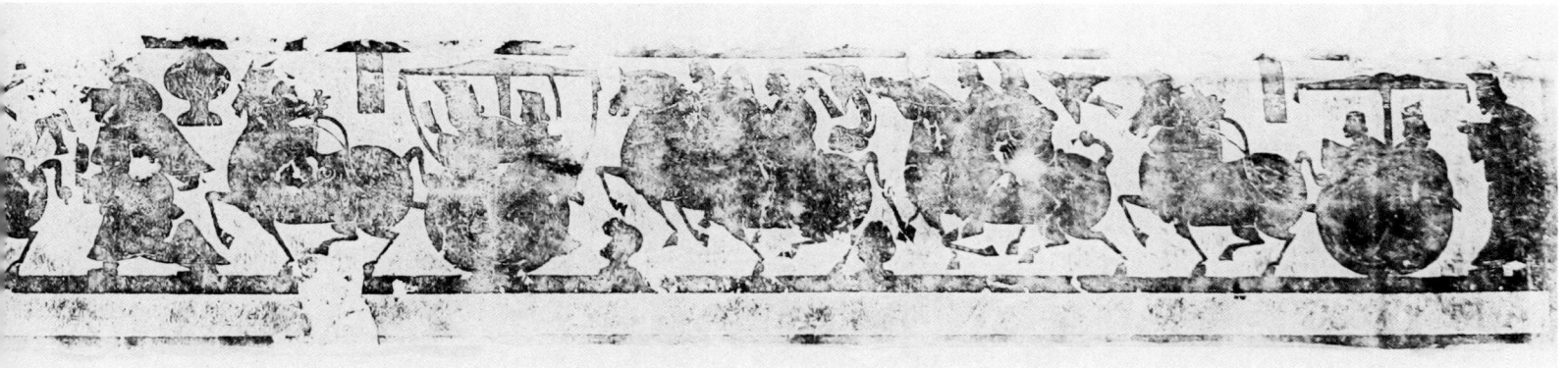

**PT/063　武氏祠畫像・前石室（七）（武梁祠畫像　武氏墓群
石刻）**　佚名繪

東漢建和元年至東漢末年（147—220）刻　山東省濟寧市嘉祥縣武翟
山出土

清末民國拓本　1張　63 cm×87 cm

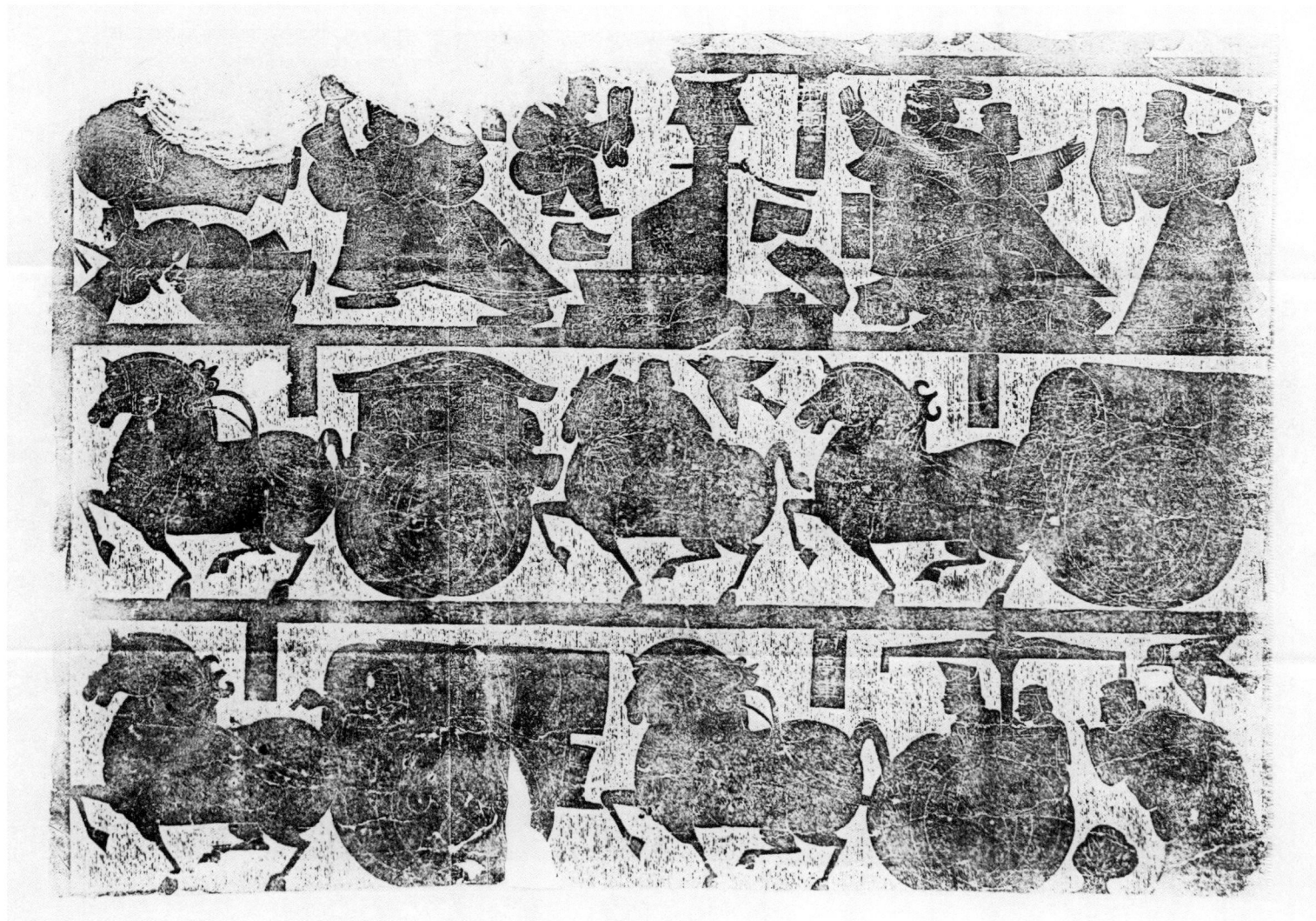

PT/064　武氏祠畫像·前石室（八）（武梁祠畫像　武氏墓群石刻）　佚名繪

東漢建和元年至東漢末年（147—220）刻　山東省濟寧市嘉祥縣武翟山出土

清末民國拓本　1張　61 cm×87 cm

PT/065　武氏祠畫像・前石室（九）（武梁祠畫像　武氏墓群石刻）　佚名繪

東漢建和元年至東漢末年（147—220）刻　山東省濟寧市嘉祥縣武翟山出土

清末民國拓本　1張　64 cm×195 cm

PT/066　武氏祠畫像・前石室（十）（武梁祠畫像　武氏墓群石刻）　佚名繪

東漢建和元年至東漢末年（147—220）刻　山東省濟寧市嘉祥縣武翟山出土

清末民國拓本　1張　79 cm×194 cm

PT/067　武氏祠畫像・前石室（十一）（武梁祠畫像　武氏墓群石刻）　佚名繪

東漢建和元年至東漢末年（147—220）刻　山東省濟寧市嘉祥縣武翟山出土

清末民國拓本　1張　64 cm×71 cm

PT/068　武氏祠畫像・前石室（十二）（武梁祠畫像　武氏墓群石刻）　佚名繪

東漢建和元年至東漢末年（147—220）刻　山東省濟寧市嘉祥縣武翟山出土

清末民國拓本　1張　69 cm×140 cm

PT/069　武氏祠畫像・前石室（十三）（武梁祠畫像　武氏墓群石刻）　佚名繪

東漢建和元年至東漢末年（147—220）刻　山東省濟寧市嘉祥縣武翟山出土

清末民國拓本　1張　63 cm×72 cm

PT/070　武氏祠畫像・前石室（十四）（武梁祠畫像　武氏墓群石刻） 佚名繪

東漢建和元年至東漢末年（147—220）刻　山東省濟寧市嘉祥縣武翟山出土

清末民國拓本　1張　28 cm×157 cm

PT/071　武氏祠畫像·前石室（十五）（武梁祠畫像　武氏墓群石刻）　佚名繪

東漢建和元年至東漢末年（147—220）刻　山東省濟寧市嘉祥縣武翟山出土

清末民國拓本　1張　26 cm×150 cm

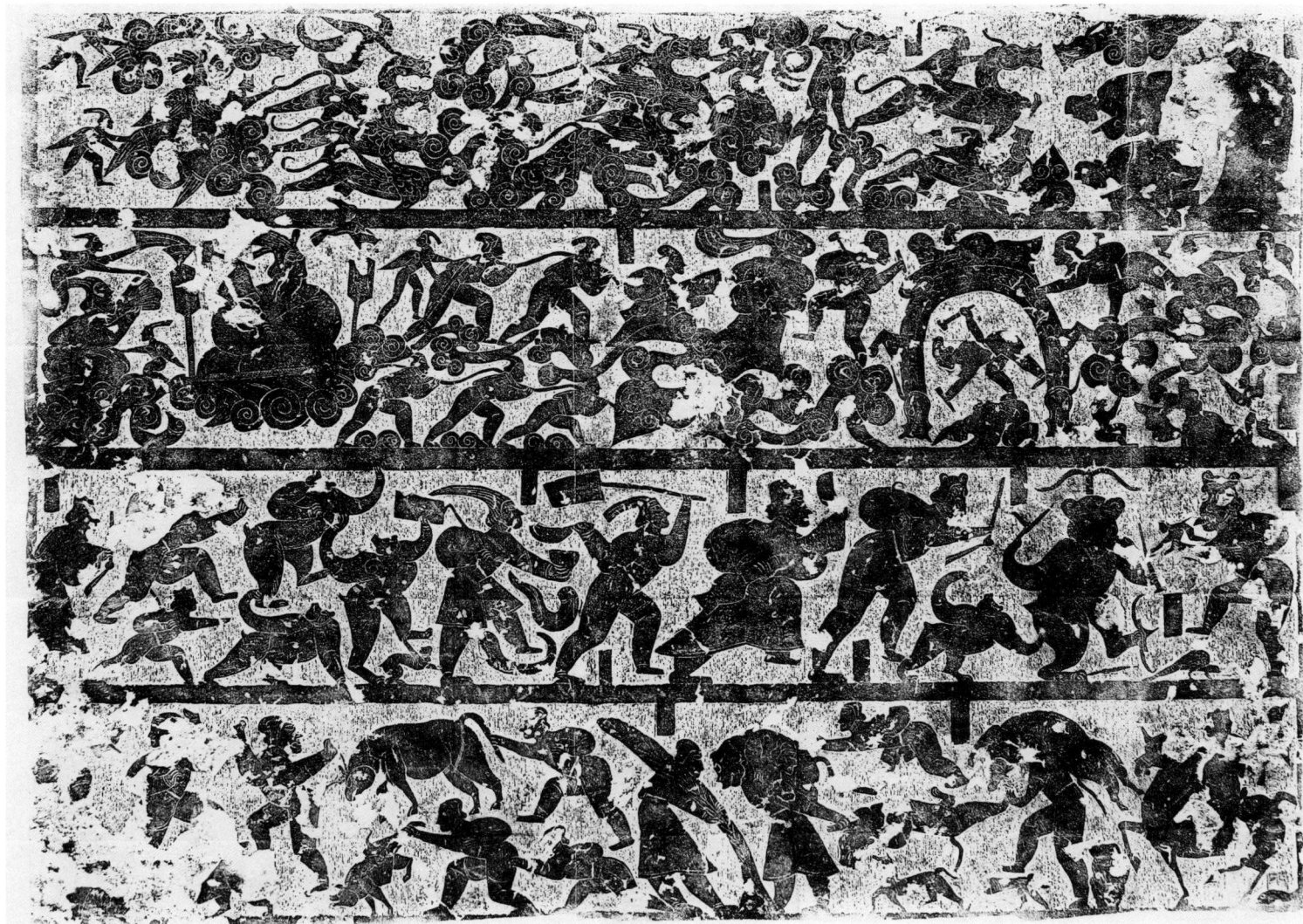

**PT/072　武氏祠畫像·左石室（一）（武梁祠畫像　武氏墓群
石刻）**　佚名繪

東漢建和元年至東漢末年（147—220）刻　山東省濟寧市嘉祥縣武翟
山出土

清末民國拓本　1張　102 cm×138 cm

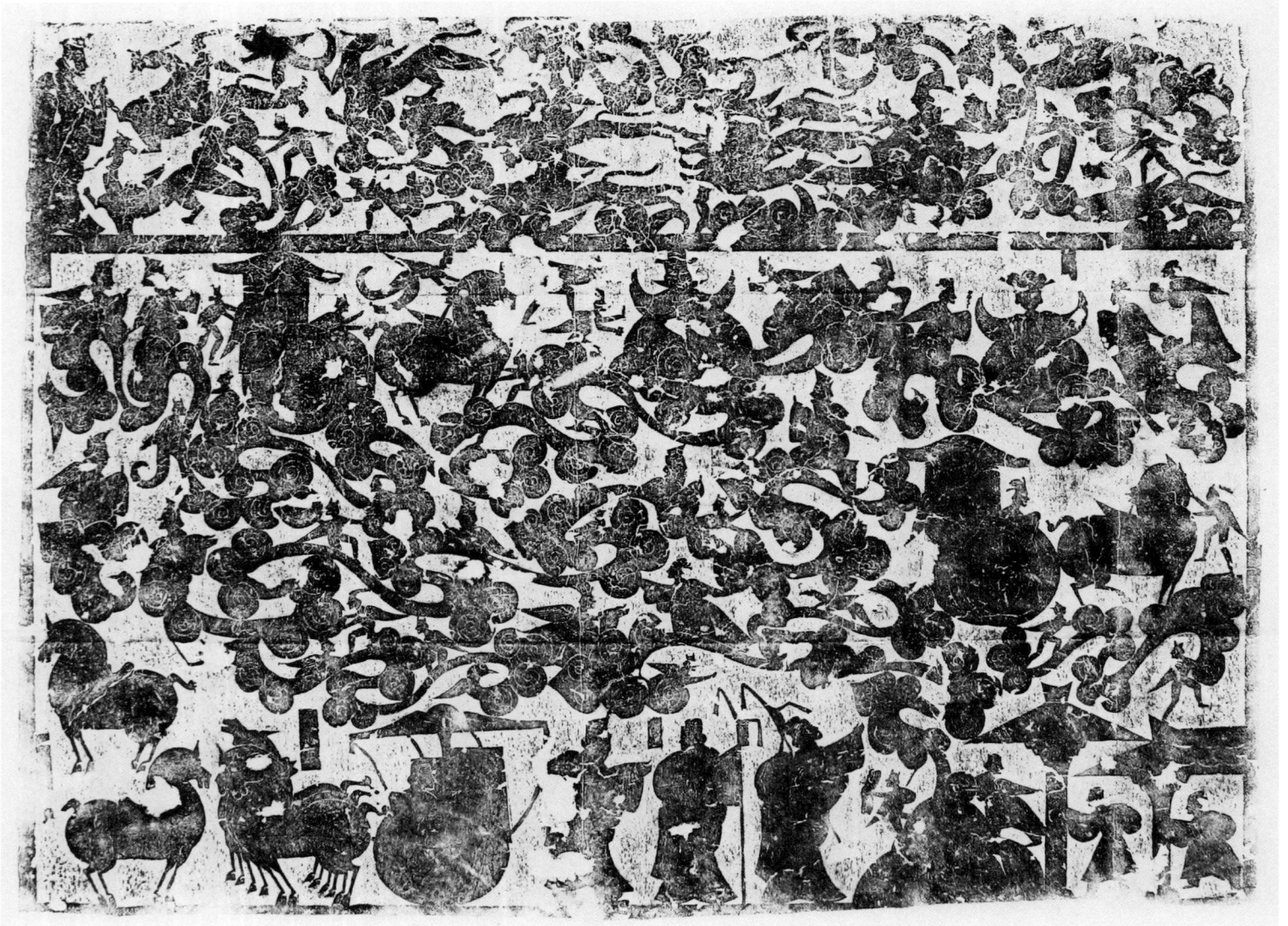

PT/073　武氏祠畫像・左石室（二）（武梁祠畫像　武氏墓群石刻）　佚名繪

東漢建和元年至東漢末年（147—220）刻　山東省濟寧市嘉祥縣武翟山出土

清末民國拓本　1張　102 cm×138 cm

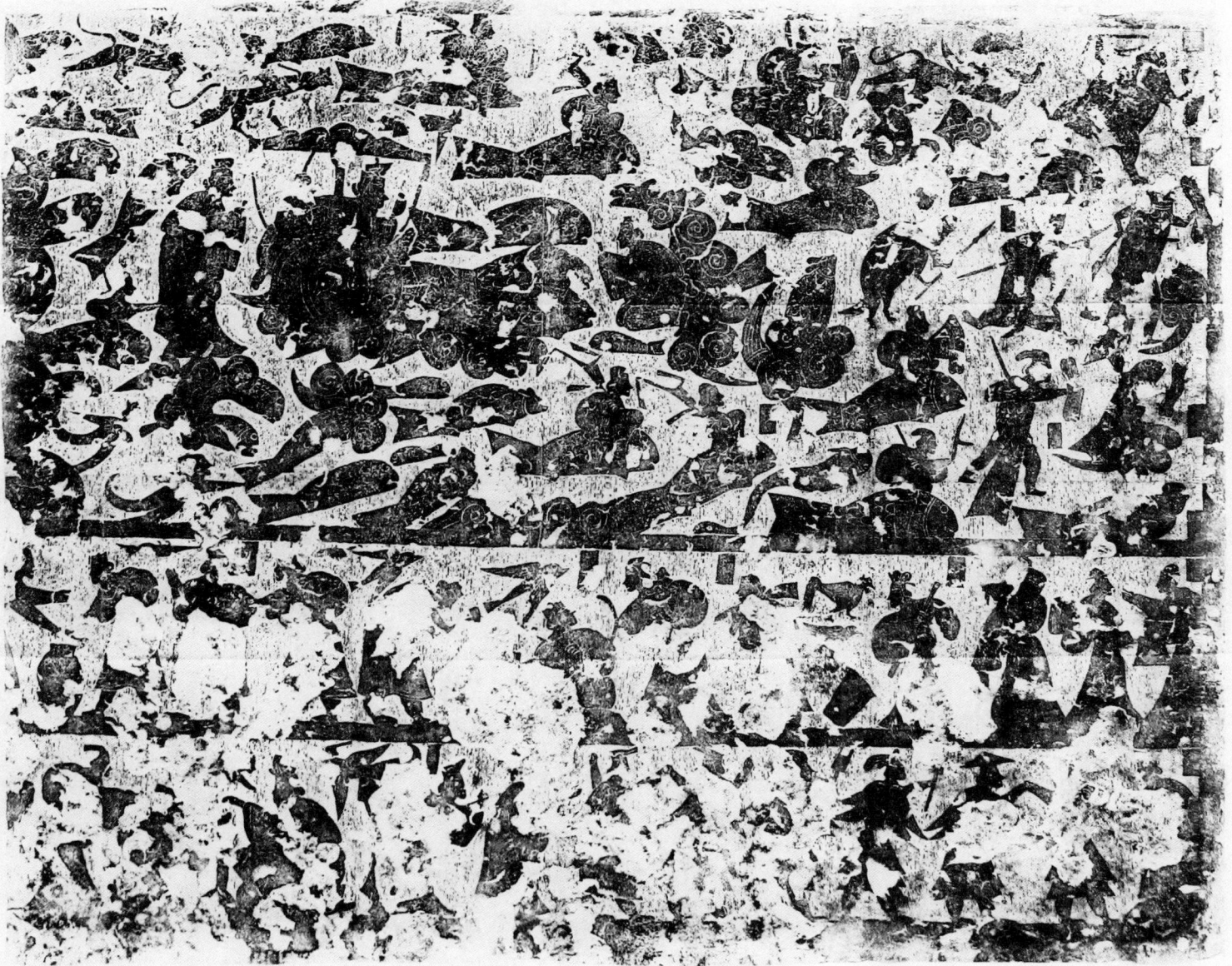

PT/074　武氏祠畫像・左石室（三）（武梁祠畫像　武氏墓群石刻）　佚名繪

東漢建和元年至東漢末年（147—220）刻　山東省濟寧市嘉祥縣武翟山出土

清末民國拓本　1張　111 cm×136 cm

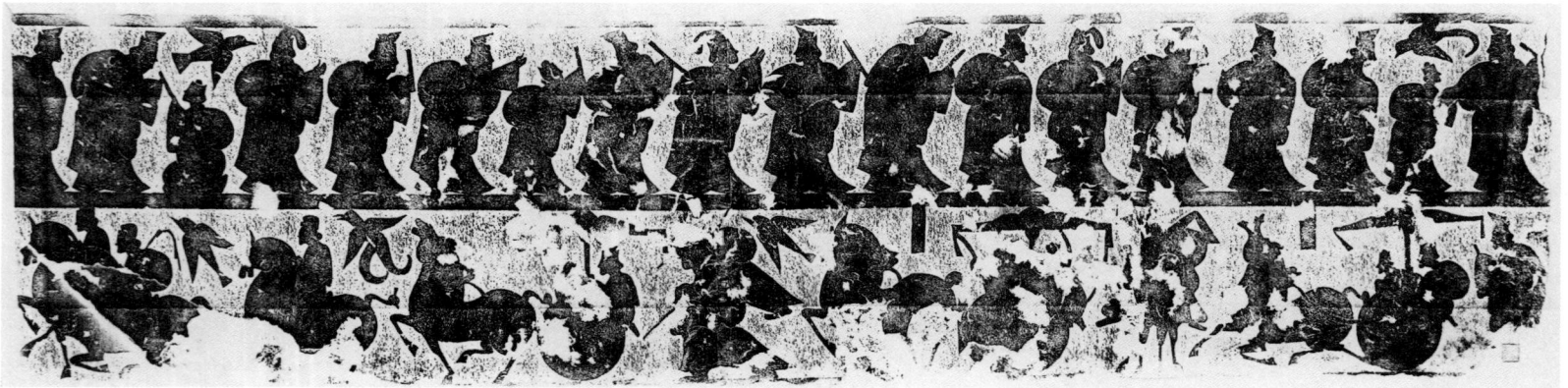

PT/075 武氏祠畫像・左石室（四）（武梁祠畫像 武氏墓群石刻） 佚名繪

東漢建和元年至東漢末年（147—220）刻 山東省濟寧市嘉祥縣武翟山出土

清末民國拓本 1張 48 cm×200 cm

PT/076　武氏祠畫像・左石室（五）（武梁祠畫像　武氏墓群石刻）　佚名繪

東漢建和元年至東漢末年（147—220）刻　山東省濟寧市嘉祥縣武翟山出土

清末民國拓本　1張　63 cm×205 cm

PT/077　武氏祠畫像・左石室（六）（武梁祠畫像　武氏墓群石刻）　佚名繪

東漢建和元年至東漢末年（147—220）刻　山東省濟寧市嘉祥縣武翟山出土

清末民國拓本　1張　25 cm×148 cm

PT/078 武氏祠畫像・左石室（七）（武梁祠畫像 武氏墓群石刻） 佚名繪

東漢建和元年至東漢末年（147—220）刻 山東省濟寧市嘉祥縣武翟山出土

清末民國拓本 1張 31 cm×217 cm

PT/079　武氏祠畫像·左石室（八）（武梁祠畫像　武氏墓群石刻） 佚名繪

東漢建和元年至東漢末年（147—220）刻　山東省濟寧市嘉祥縣武翟山出土

清末民國拓本　1張　74 cm×64 cm

PT/080　武氏祠畫像·左石室（九）（武梁祠畫像　武氏墓群石刻）　佚名繪

東漢建和元年至東漢末年（147—220）刻　山東省濟寧市嘉祥縣武翟山出土

清末民國拓本　1張　75 cm×63 cm

PT/081 武氏祠畫像·左石室（十）（武梁祠畫像 武氏墓群石刻） 佚名繪

東漢建和元年至東漢末年（147—220）刻 山東省濟寧市嘉祥縣武翟山出土

清末民國拓本 1張 47 cm×200 cm

PT/082　武氏祠畫像・左石室（十一）（武梁祠畫像　武氏墓群石刻）　佚名繪

東漢建和元年至東漢末年（147—220）刻　山東省濟寧市嘉祥縣武翟山出土

清末民國拓本　1張　63 cm×197 cm

PT/083　武氏祠畫像・左石室（十二）（武梁祠畫像　武氏墓群石刻） 佚名繪

東漢建和元年至東漢末年（147—220）刻　山東省濟寧市嘉祥縣武翟山出土

清末民國拓本　1張　64 cm×71 cm

**PT/084　武氏祠畫像・左石室（十三）（武梁祠畫像　武氏墓
群石刻）**　佚名繪

東漢建和元年至東漢末年（147—220）刻　山東省濟寧市嘉祥縣武翟
山出土

清末民國拓本　1張　70 cm×140 cm

PT/085　武氏祠畫像・左石室（十四）（武梁祠畫像　武氏墓群石刻）　佚名繪

東漢建和元年至東漢末年（147—220）刻　山東省濟寧市嘉祥縣武翟山出土

清末民國拓本　1張　68 cm×71 cm

PT/086　武氏祠畫像·蔡題二石（武梁祠畫像　武氏墓群石刻）　佚名繪

東漢建和元年至東漢末年（147—220）刻　山東省濟寧市嘉祥縣武翟山出土

清末民國拓本　1張　49 cm×126 cm

PT/087　武氏祠畫像・祥瑞圖殘石（武梁祠畫像　武氏墓群石刻） 佚名繪

東漢建和元年至東漢末年（147—220）刻　山東省濟寧市嘉祥縣武翟山出土

清末民國拓本　1張　78 cm×63 cm

PT/088　武氏祠畫像・屋頂祥瑞石（武梁祠畫像　武氏墓群石刻）　佚名繪

東漢建和元年至東漢末年（147—220）刻　山東省濟寧市嘉祥縣武翟山出土

清末民國拓本　1張　63 cm×204 cm

ST/722　樓閣人物與樹下牛馬飲水圖　佚名繪

東漢（25—220）刻　山東省出土

清末民國拓本　1張　48 cm×124 cm

倉永齡題簽：山東新出土；
丁巳年朱坦夫寄贈

ST/723 車馬樹鳥圖　佚名繪

東漢（25—220）刻　山東省出土

清末民國拓本　1張　48 cm×62 cm

倉永齡題簽： 山東新出土；
丁巳年朱坦夫寄贈

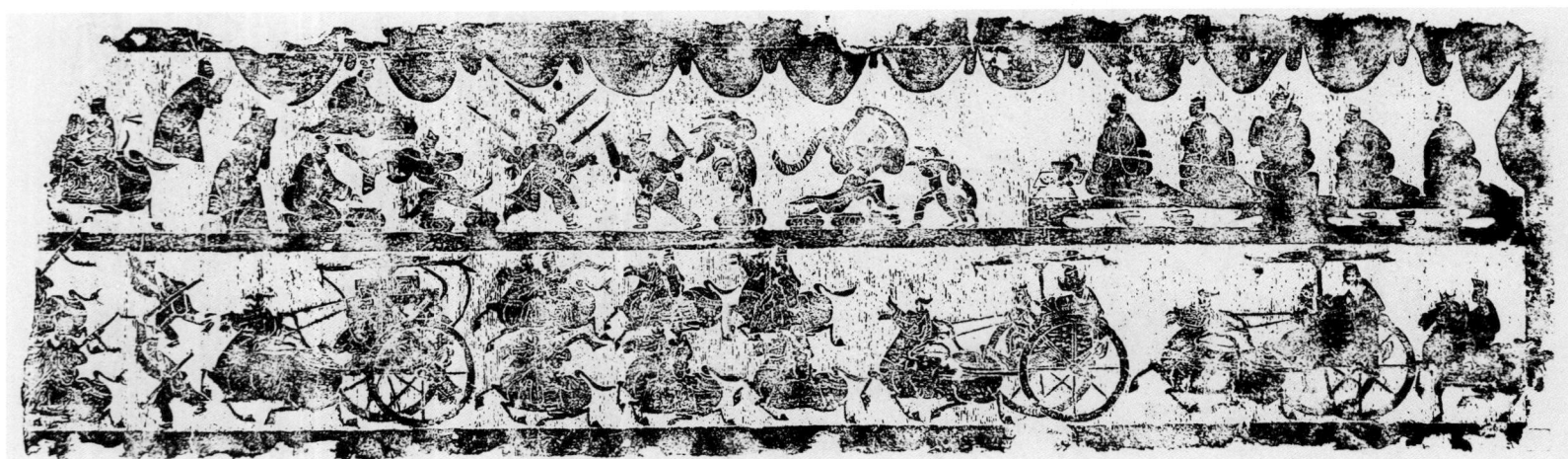

ST/724　宴享樂舞百戲與車馬出行圖　佚名繪

東漢（25—220）刻　山東省出土

清末民國拓本　1張　48 cm×160 cm

倉永齡題簽：山東新出土；
丁巳年朱坦夫寄贈

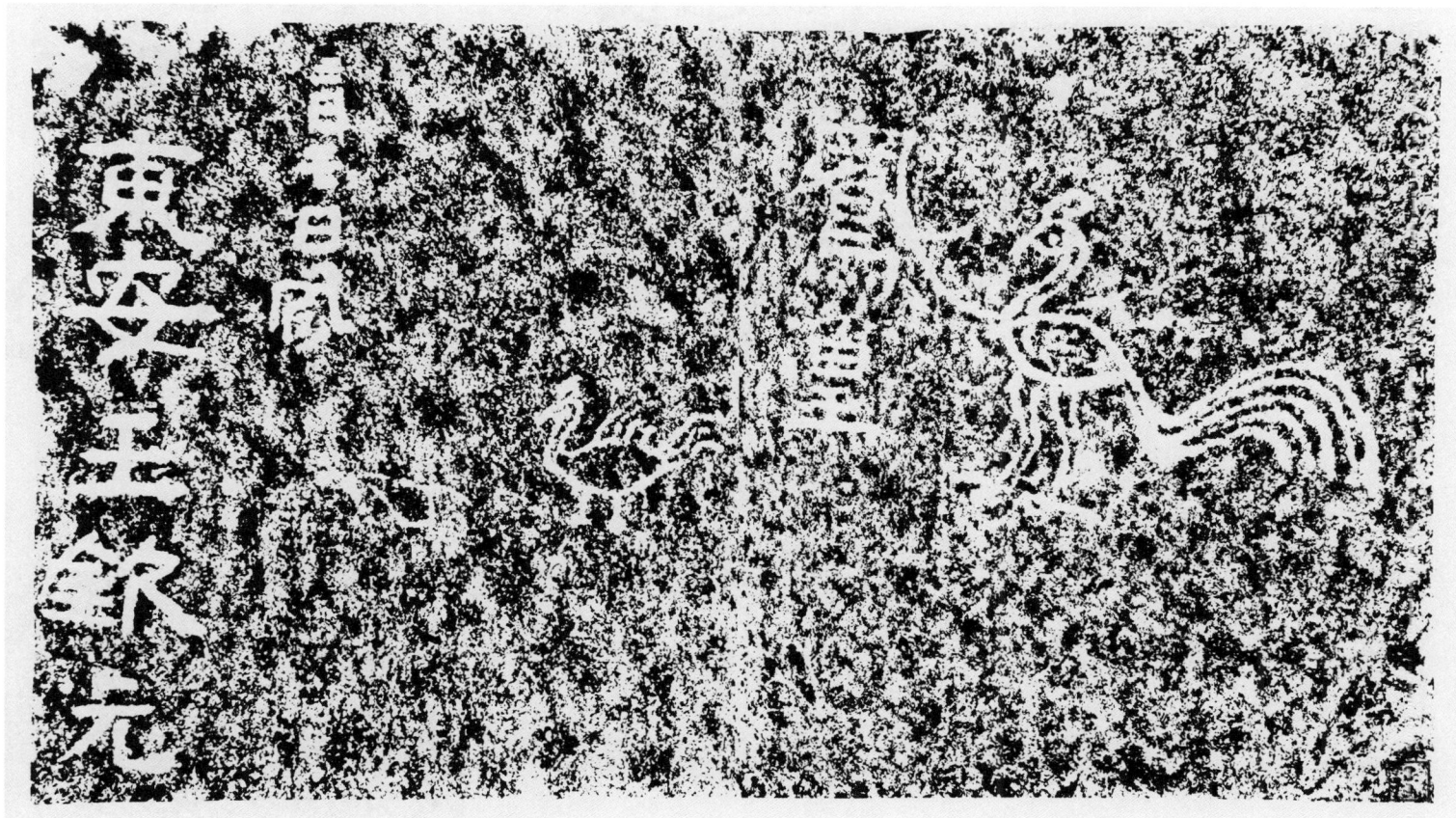

PT/718　鳳凰畫像題字（鳳凰刻石）　佚名撰

刻立年不詳　山東省臨沂市沂南縣

清末民國拓本　1張　17 cm×25 cm

正書

PT/148　□熊造像記（晉豐縣□熊造像）　佚名撰

南朝宋元嘉二十五年（448）七月二十三日造　四川省成都市萬佛寺

清末民國拓本　1張　14 cm×108 cm（上），14 cm×42 cm（下）

正書

鈐印：倉氏金石文字
倉永齡題簽：福山王漢輔
藏石

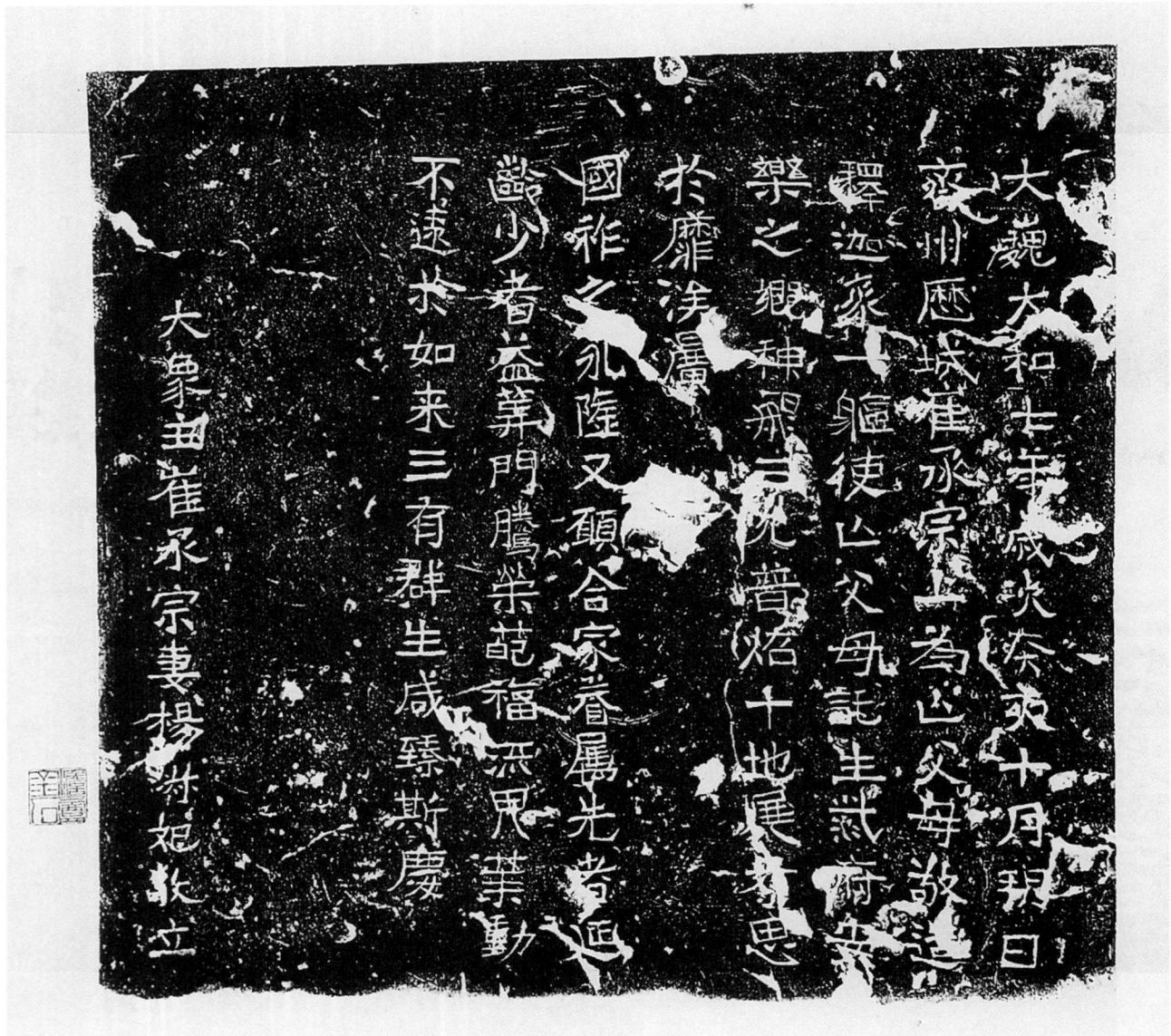

ST/154　崔承宗造像記　佚名撰

北魏太和七年（483）十月一日立　山東省濟南市出土

清末民國拓本　1張　37 cm×35 cm

正書

鈐印：澹盦金石

PT/155　元景造像記（平東將軍營州刺史元景造像碑）　　佚名撰

北魏太和二十三年（499）四月八日造　遼寧省錦州市義縣

民國九年（1920）拓本　1張　94 cm×96 cm

正書

倉永齡題簽： 石在奉天大凌河畔，庚申秋羅振玉覓工往拓，因得此本

PT/171　張道果等造弥勒像記（張道果率邑義七十八人造像）
佚名撰

北魏太和（477—499）刻　山東省東營市廣饒縣

鈐印：澹盦金石

清末民國拓本　1張　19 cm×53 cm（上），18 cm×54 cm（中一），9 cm×47 cm（中二），9 cm×21 cm（下）

正書

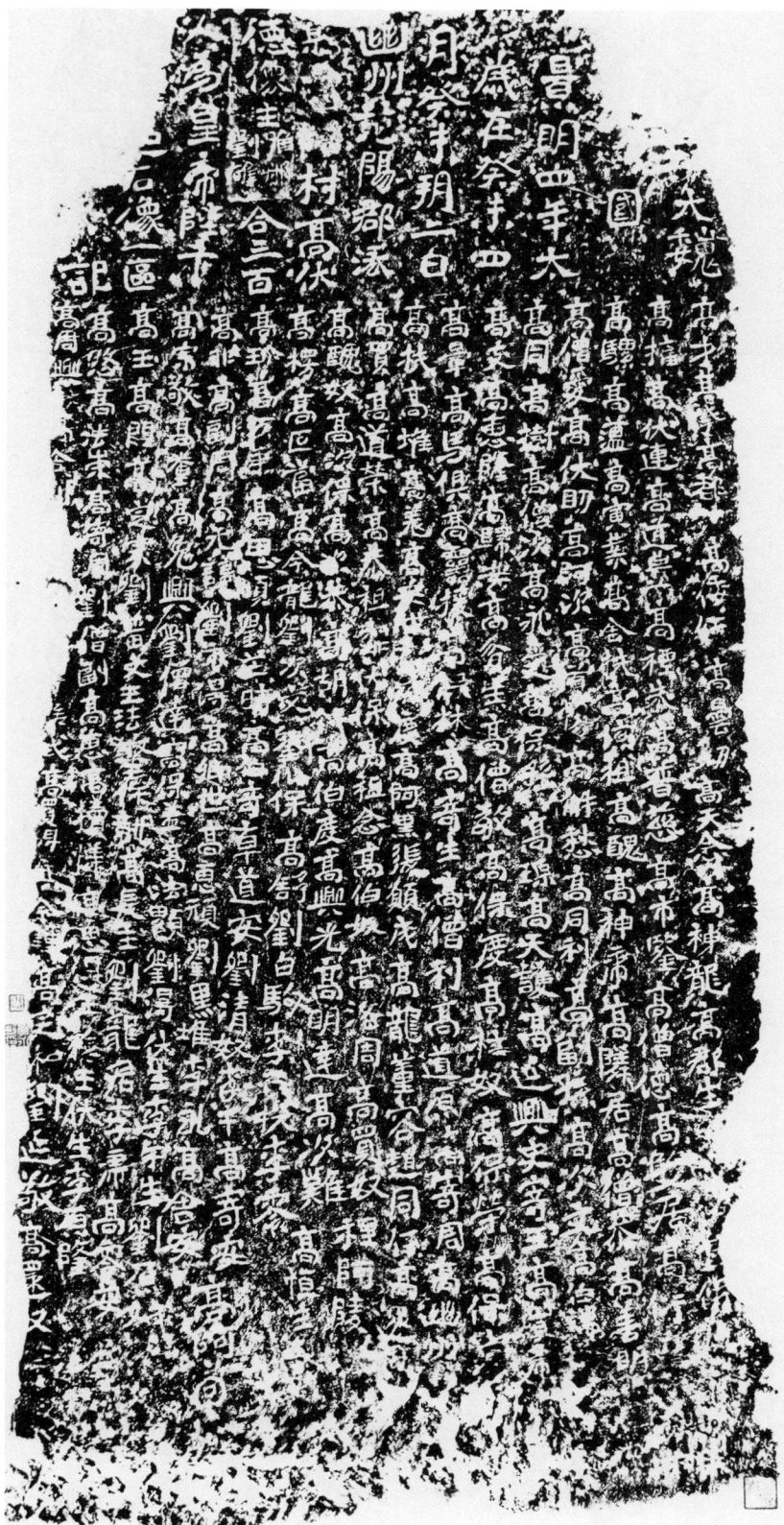

ST/156　高伏德等造像記（幽州范陽郡高伏德合三百人造像　高伏德合邑三百人造像記）　佚名撰

北魏景明四年（503）四月二日造　河北省保定市涿州市

清末民國拓本　3張　118 cm×54 cm，120 cm×18 cm（側），122 cm×17 cm（側）

正書

PT/159　孫永安造像記　佚名撰

北魏熙平元年（516）十月十五日造　刻立地不詳

清末民國拓本　1張　42 cm×25 cm

正書

鈐印：倉氏金石文字
倉永齡題簽：庚申得

ST/160　孫寶憙造像記　佚名撰

北魏神龜元年（518）三月二十日造　山東省淄博市臨淄區

清拓本　1張　24 cm×89 cm

正書

鈐印：澹盦金石
倉永齡題簽：舊拓本；首行"神"字、次行"三月"三字未泐

大魏正光元年歲在庚子
六月己丑朔十五日丁亥
信佛弟子樂陵太守賈道
貴率鄉賢道俗二十人敬
造白玉石佛象一區上為
皇帝皇后皇太子右為師
僧法父母一切有形之類
入法昇妙果永壽無顏
量合家供養

PT/161　賈道貴造像記（樂陵太守賈道貴造像）　佚名撰

北魏正光元年（520）六月十五日造　刻立地不詳

清末民國拓本　1張　25 cm×20 cm

正書

鈐印：倉氏金石文字

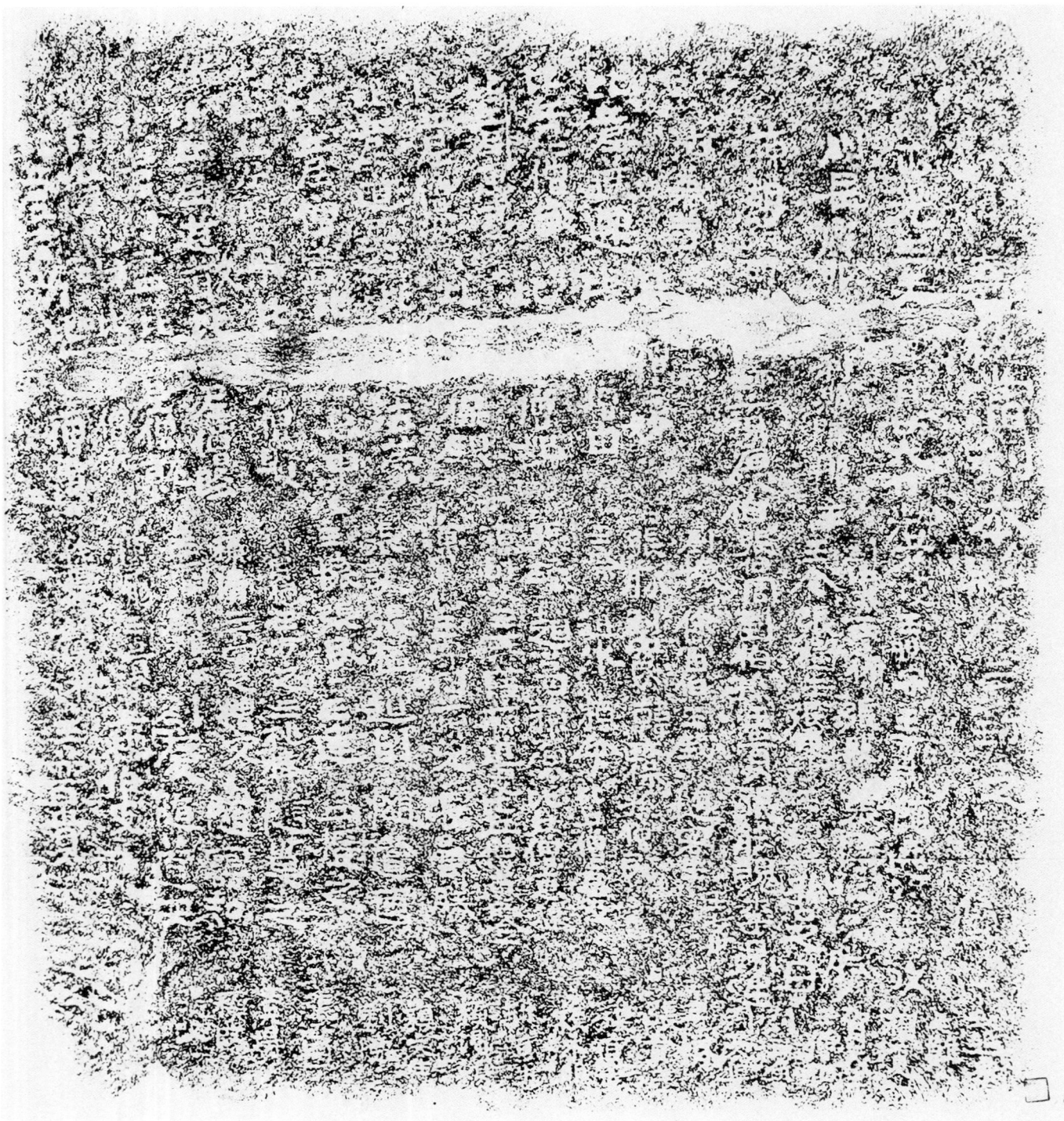

**PT/162　王珍之等造像記（王珍之造像　北魏王珍之等造像
碑）** 佚名撰

北魏正光三年（522）正月二十六日造　山東省青島市平度市

清末民國拓本　1張　116 cm×106 cm

正書

倉永齡題籤：據王帖佶云，
碑在山東萊州；己未冬得於
山左

**PT/163　杜文慶等人造像記（張法隆造像　杜文慶等二十七人
造像記）**　佚名撰

北魏正光五年（524）五月十五日造　河南省新郷市輝縣市

清末民國拓本　1張　40 cm×73 cm

正書

倉永齡題簽：辛酉冬得

PT/193　劉根等四十一人造像記　佚名撰

北魏正光五年（524）五月三十日建　河南省洛陽市出土

民國拓本　1張　141 cm×39 cm

正書

倉永齡題簽： 癸酉王應乾贈；石存開封保存所

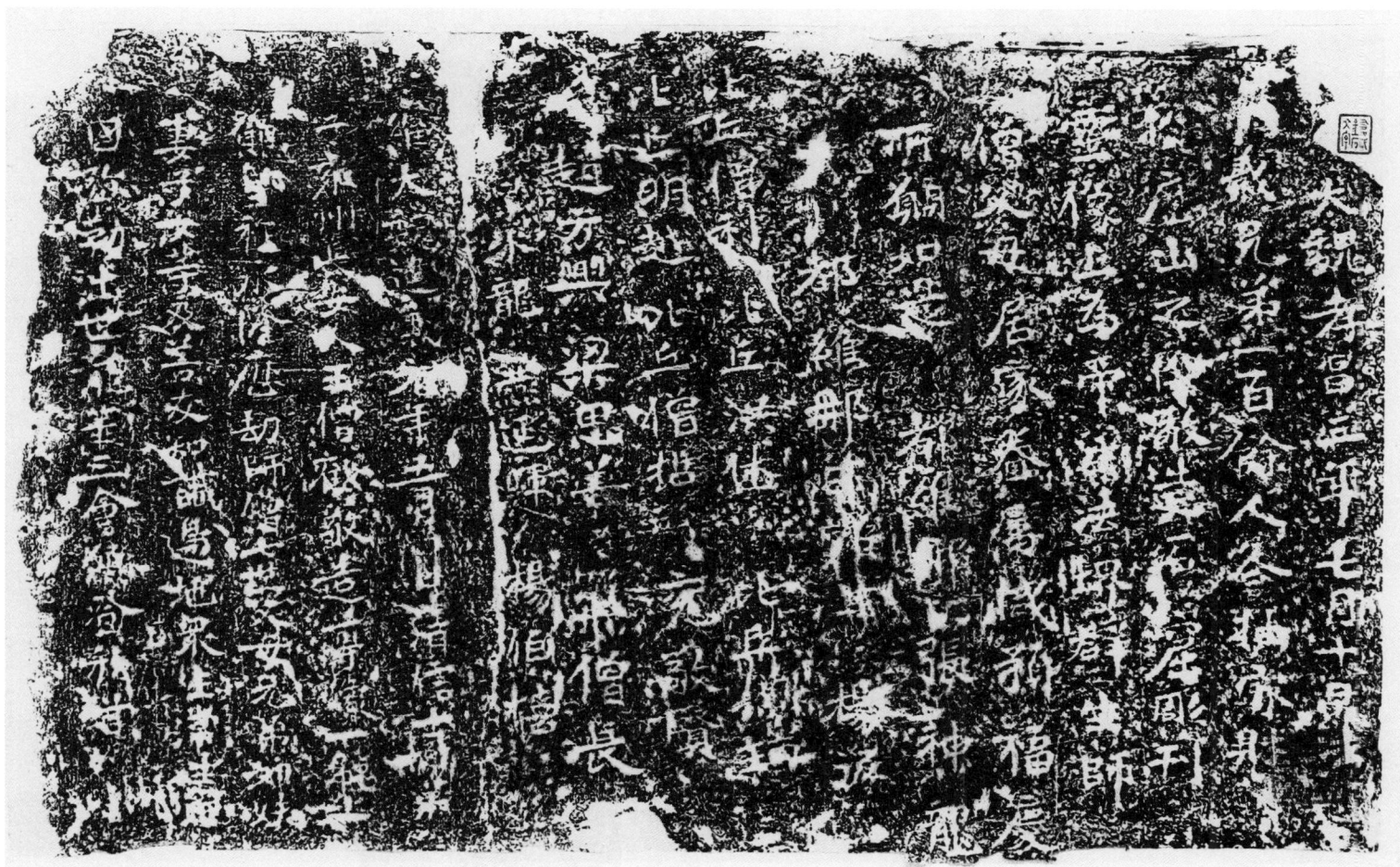

PT/046　法義兄弟一百餘人造像記（法義兄弟造像記　歷山法義等造像記） 佚名撰

北魏孝昌三年（527）七月十日造　山東省濟南市歷下區黃石崖

清末民國拓本　1張　28 cm×44 cm

正書

鈐印： 倉氏金石文字

PT/167　青州齊郡臨淄縣邑義徐潤香等六十人造像記（臨淄縣六十人等造像記）　佚名撰

北魏孝昌三年（527）八月十三日立　山東省濰坊市青州市高柳鎮良孟村

清末民國拓本　1張　153 cm×72 cm

正書

倉永齡題簽: 山東青州,己未冬得於山左

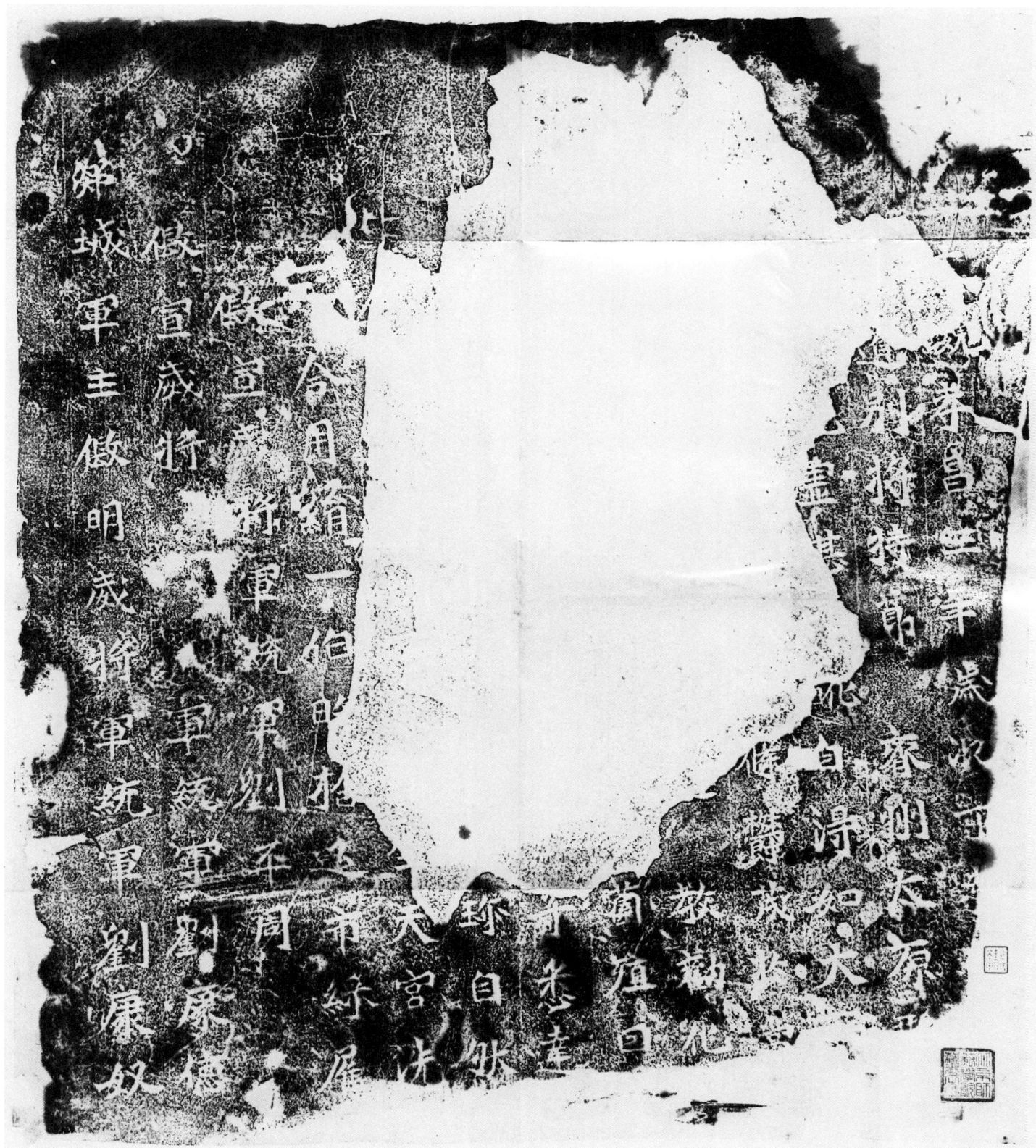

ST/164　郯城軍主劉康奴等造像記（劉平周等造像記）　佚名撰

北魏孝昌三年（527）刻　山東省臨沂市郯城縣

清末民國拓本　3張　53 cm×47 cm（陽），55 cm×29 cm（陰），54 cm×47 cm（側）

正書

鈐印：倉氏金石文字、澹盦
倉永齡題簽：石在山東郯城縣署

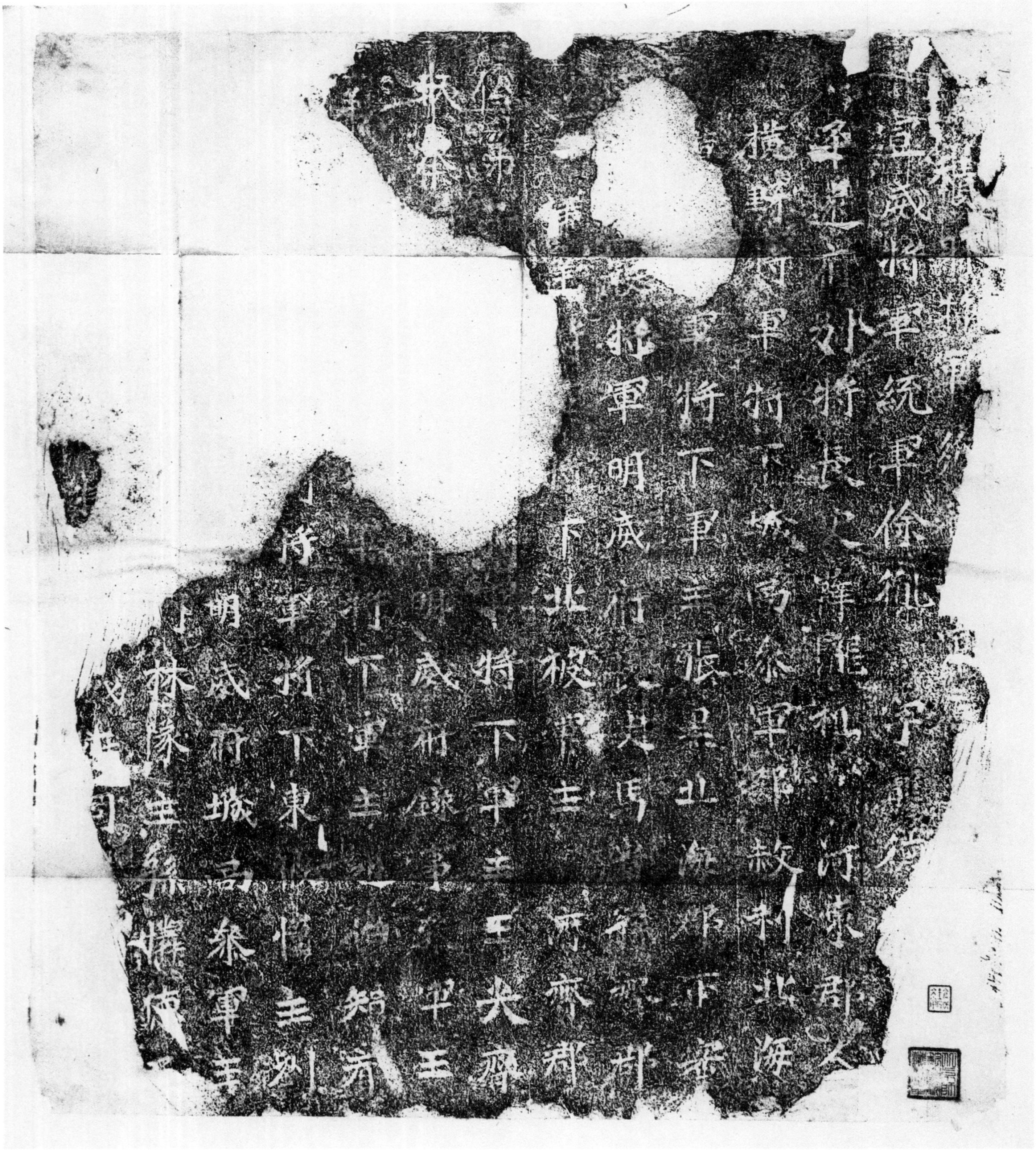

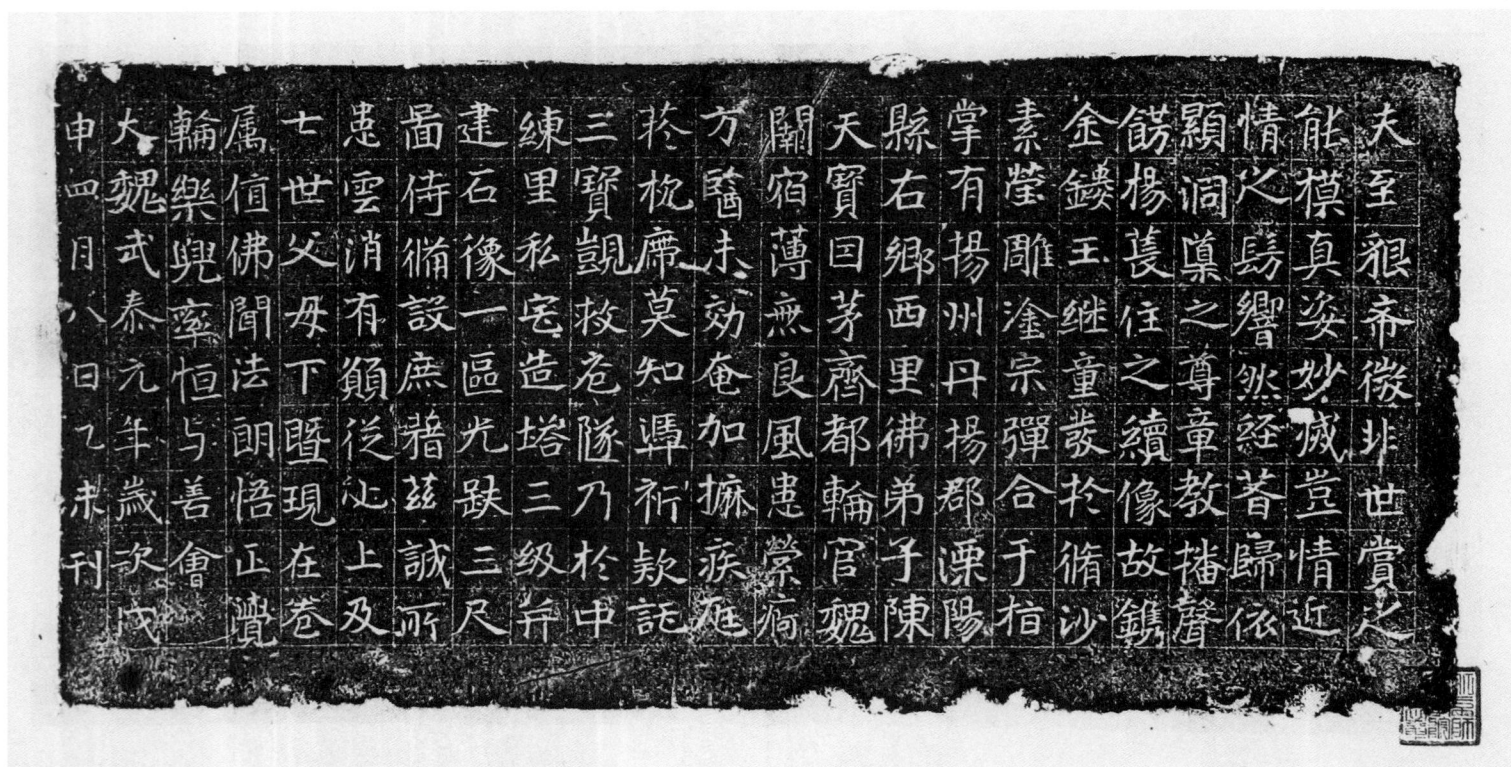

PT/168　陳天寶造像記（揚州丹揚郡溧陽縣右鄉西里陳天寶造像記）　佚名撰

北魏武泰元年（528）四月八日刻　河南省洛陽市白馬寺

民國拓本　1張　20cm×43cm

正書

大魏普泰二年歲次壬子四月甲子朔
三日丙寅芝州趙郡柏力縣目封南伐
范國仁敢造弥勒尊像一軀上為皇帝
陛下州郡令長七世父母下及來生眷屬
善支知諸同斯福憂

像主范國仁

此丘道遷
此丘道勇   像主范國仁

此丘惠景   范頭   范助范僧廣
此丘道等   范賓奴   范文英范道恒

比丘惠直法達   范懷則   范六玉

此造范相   命過范群奏   范鳥   范和

命過范朗   命過范忠   范法和

命過范旧成 本過范世葉范市頭   萬蓋世

命過范可貢   命過范文愛范惠安

命過范場   命過封志   命過王思緣

命過范篤

PT/169　范國仁等造像記（范國仁造彌勒像記）　佚名撰

北魏普泰二年（532）四月三日造　河北省石家莊市趙縣

清末民國拓本　1張　50 cm×38 cm

正書

鈐印：倉永齡印
倉永齡題簽：辛酉冬月得

PT/170　樊奴子造像記（樊奴子造四面像記）　佚名撰

北魏太昌元年（532）六月七日立　陝西省渭南市富平縣

清末民國拓本　1張　111 cm×38 cm

正書

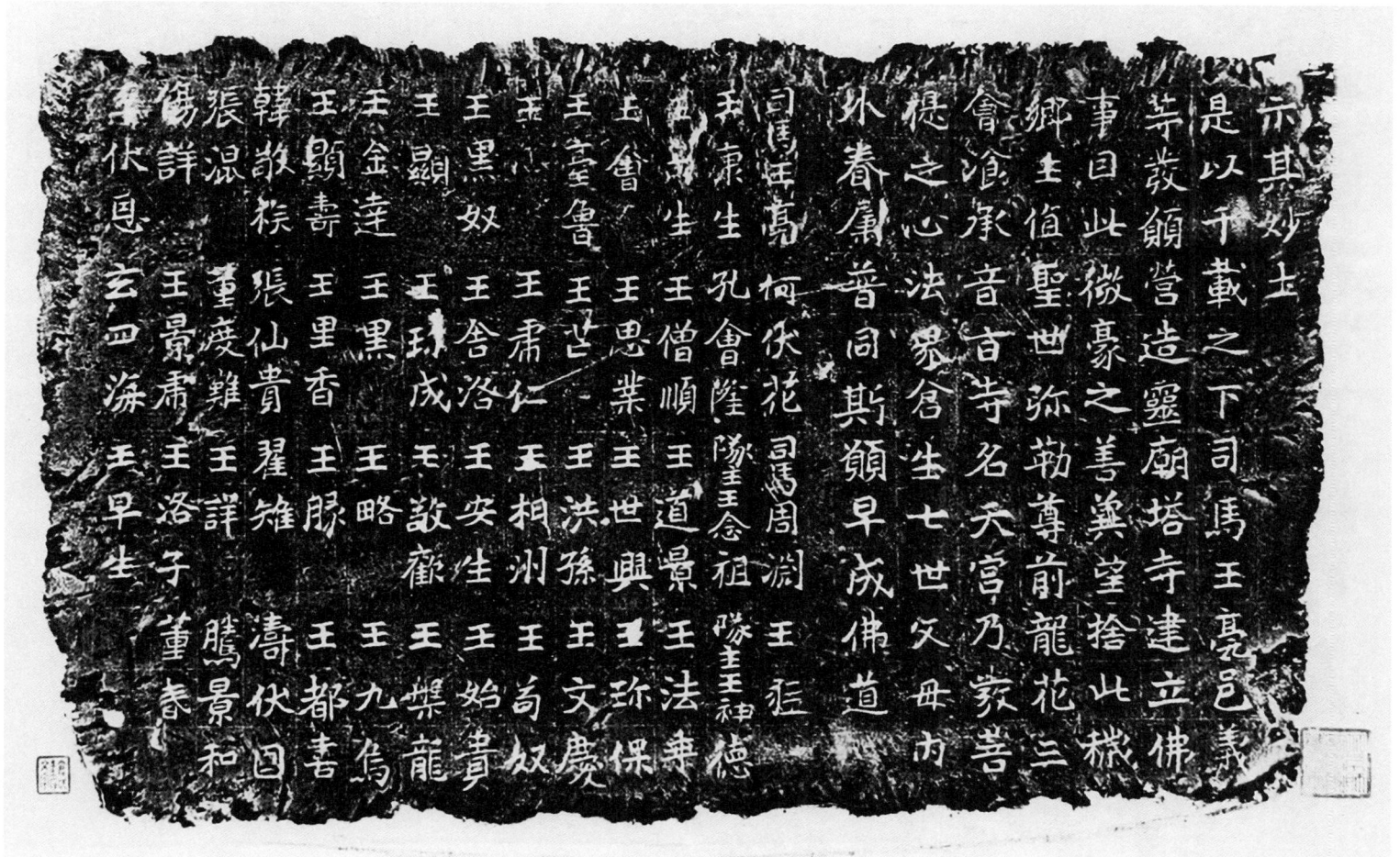

PT/172　司馬王亮等造像記（司馬王亮邑義等造靈廟塔寺記）
佚名撰

北魏（386—534）刻　刻立地不詳

清末民國拓本　1張　28 cm×44 cm

正書

PT/173　洪戀等造像記（陽城洪戀等四十餘人造像記）　佚名撰

北魏（386—534）刻　河南省鄭州市登封市

清末民國拓本　1張　57 cm×72 cm

正書

鈐印： 澹盦金石
倉永齡題簽： 首存 "大魏"
二字，下泐

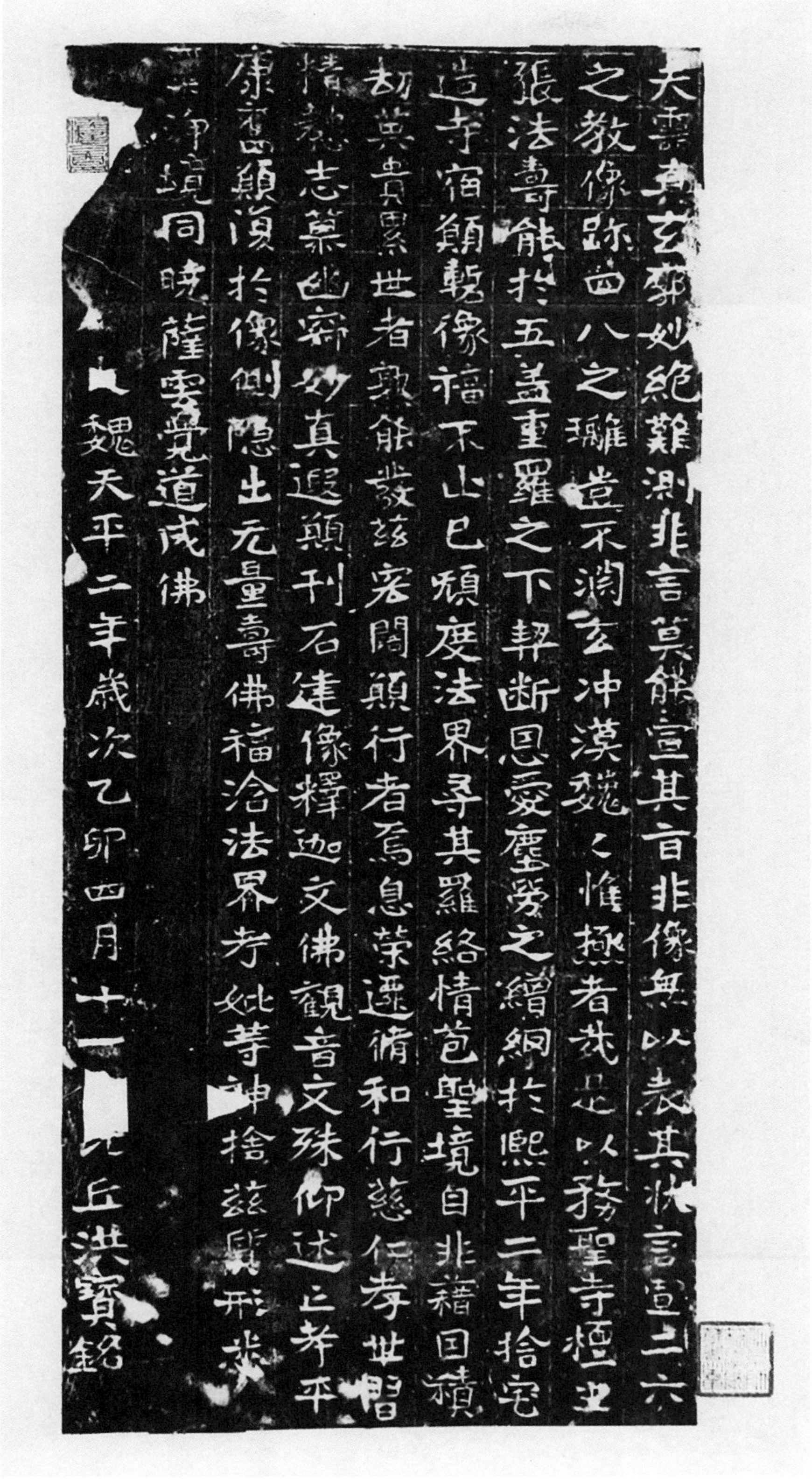

夫靈真玄寂妙絕難測非言莫能宣其旨非像無以表其狀言宣之六
之教像跡四八之摽豈不潤玄沖漠魏魏惟拯者哉是以務聖寺僧比
張法壽能於五蓋重羅之下契斷恩愛塵勞之纏網於熙平二年捨宅
造寺宿願輕像福不止已頻度法界尋其羅絡情苞聖境自非積因積
劫莫異世者孰能發茲宏闊願行者為息榮遷循和行慈仁孝世習
情懃志慕幽寂妙真遐顯刊石建像釋迦文佛觀音文殊仰述亡考平
康舊願復於像側隱出无量壽佛福洽法界考妣等神捨茲質形生
淨境同曉薩雲覺道成佛
大魏天平二年歲次乙卯四月十一日比丘洪寶銘

PT/176　比丘洪寶造像記（洪寶造像記）　（東魏）洪寶撰

東魏天平二年（535）四月十一日銘　河南省鄭州市登封市

清末民國拓本　1張　46 cm×21 cm

正書

鈐印： 澹盦、倉印

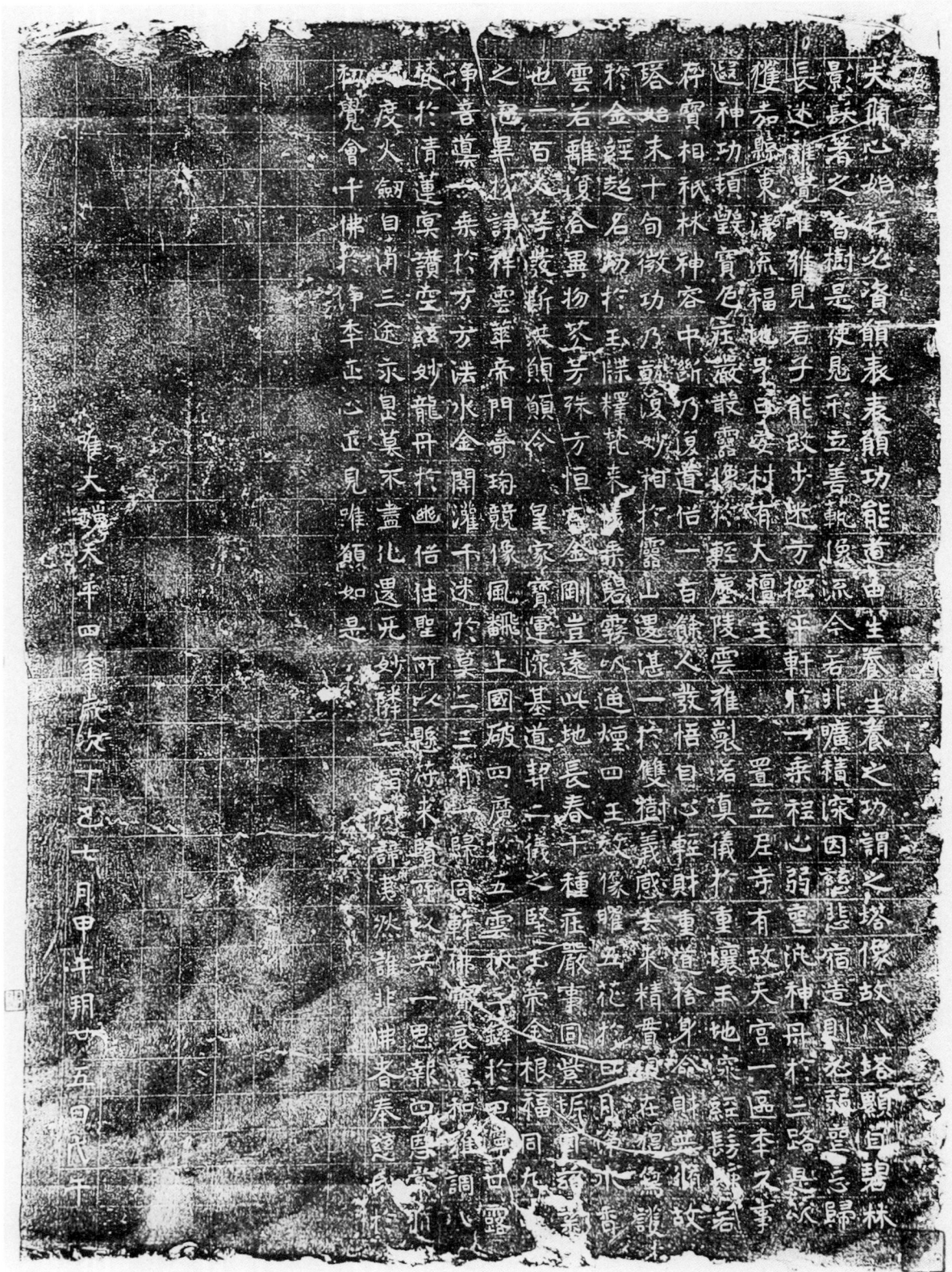

PT/178　獲嘉縣安村道俗一百餘人造像記　佚名撰

東魏天平四年（537）七月二十五日立　河南省新鄉市獲嘉縣

清末民國拓本　1張　74 cm×52 cm

正書

鈐印：倉氏金石文字

PT/177 維那孟惠珍四十人造像記 佚名撰

東魏天平四年（537）閏九月十三日造 刻立地不詳

清末民國拓本 1張 26 cm×50 cm（上），26 cm×57 cm（下）

正書

PT/179 張敬造像記（魏張敬造像石柱記） （東魏）張敬撰

東魏元象元年（538）六月二十一日建　山東省濰坊市諸城市

清末民國拓本　1張　44 cm×14 cm（右一），40 cm×14 cm（右二），24 cm×14 cm
（右三），47 cm×14 cm（右四），45 cm×14 cm（右五），45 cm×14 cm（右六）

正書

鈐印：王緒祖印信長壽、周句鑺齋、
與宋趙德又同里、金石承家學、倉
氏金石文字、永齡私印、澹盦
倉永齡題簽：石藏山東諸城王氏；
辛酉冬姚景庭贈

PT/174　合邑四十人造像記　佚名撰

西魏大統四年（538）十二月二十六日造　刻立地不詳

清末民國拓本　1張　85 cm×39 cm

正書

PT/180　廉富義率道俗等造像記　佚名撰

東魏興和二年（540）立　河南省新鄉市衛輝市

清末民國拓本　1張　60 cm×86 cm

正書

PT/181　李顯族造像碑（李氏合邑造佛像碑頌）　佚名撰

東魏興和四年（542）十月八日造　河南省安陽市滑縣

清末民國拓本　1張　85 cm×69 cm，29 cm×69 cm（額）

正書

首題：大［魏興］和四年歲
次降婁十月甲午朔八日辛丑
李氏合邑造［佛］像碑頌文
倉永齡題簽：河南滑縣

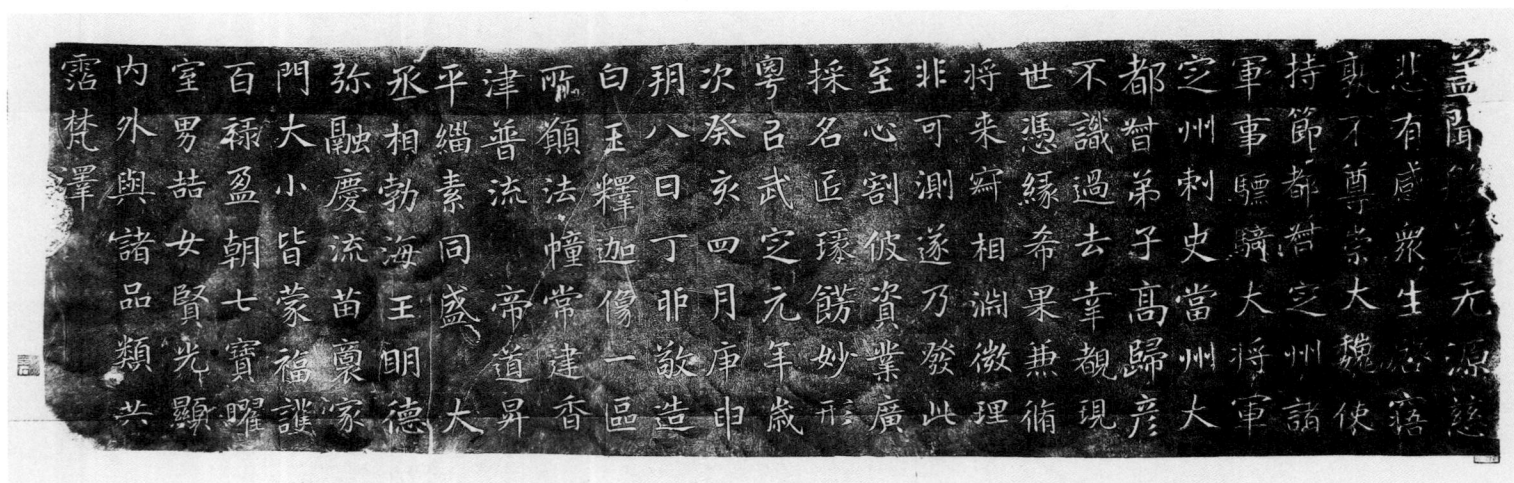

ST/182　高歸彦造像記（高歸彦造白玉釋迦像記）　佚名撰

東魏武定元年（543）四月八日造　河北省保定市定州市出土

民國拓本（初拓本）　1 張　43 cm×144 cm

正書

鈐印：滄盦金石

倉永齡題簽：初拓本

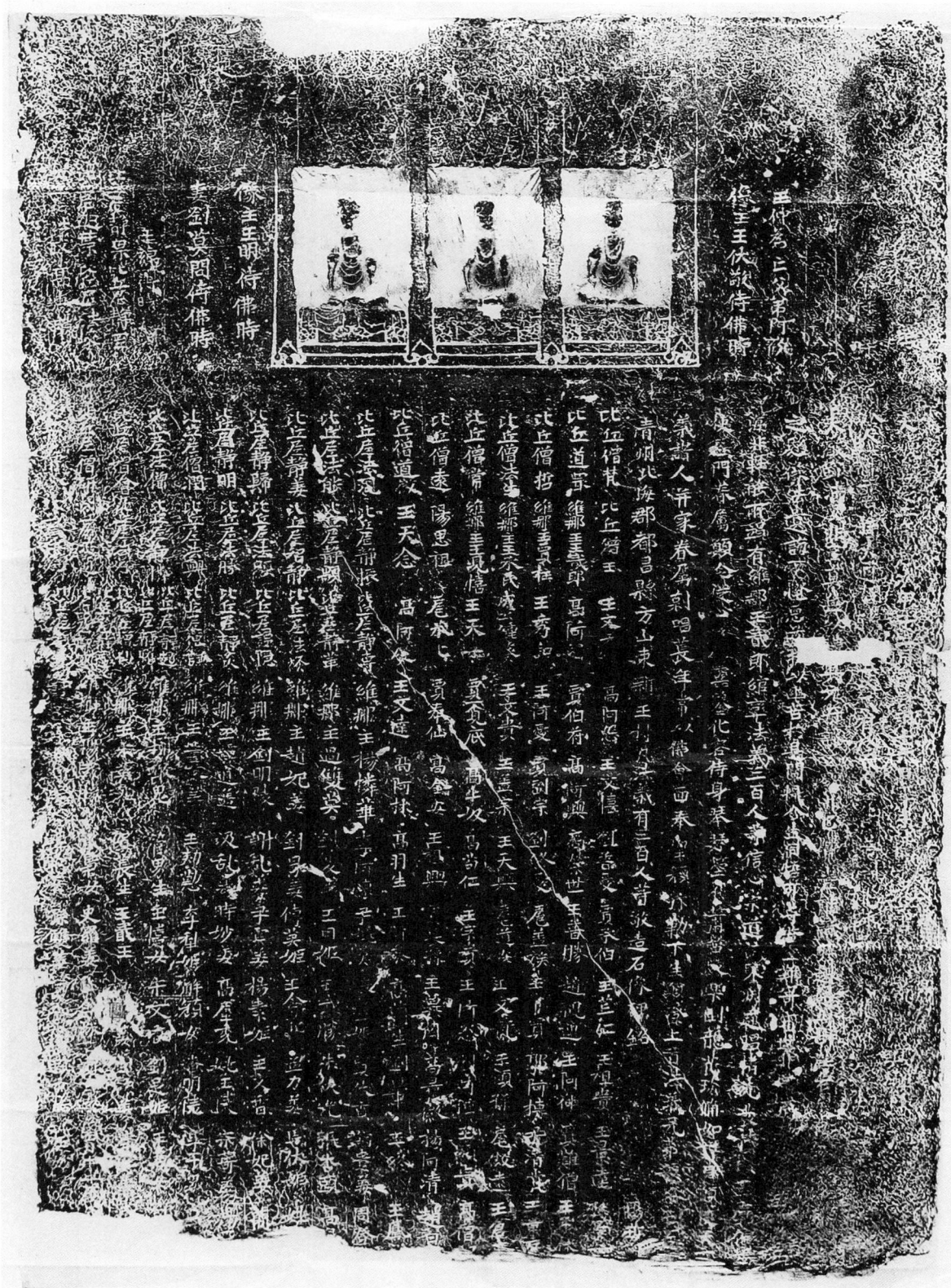

PT/045　王貳郎等人造石像記（王貳郎縮率法義三百人造像碑）　佚名撰

東魏武定二年（544）二月十六日造　山東省濰坊市

清末民國拓本　1張　105 cm×74 cm

正書

ST/183　豐樂七帝二寺邑義人等造像記　佚名撰

東魏武定五年（547）二月八日造　河北省保定市定州市眾春園

清末民國拓本　1張　10 cm×32 cm（上），19 cm×37 cm（下）

正書

鈐印：滄盦金石
倉永齡題簽：初拓本

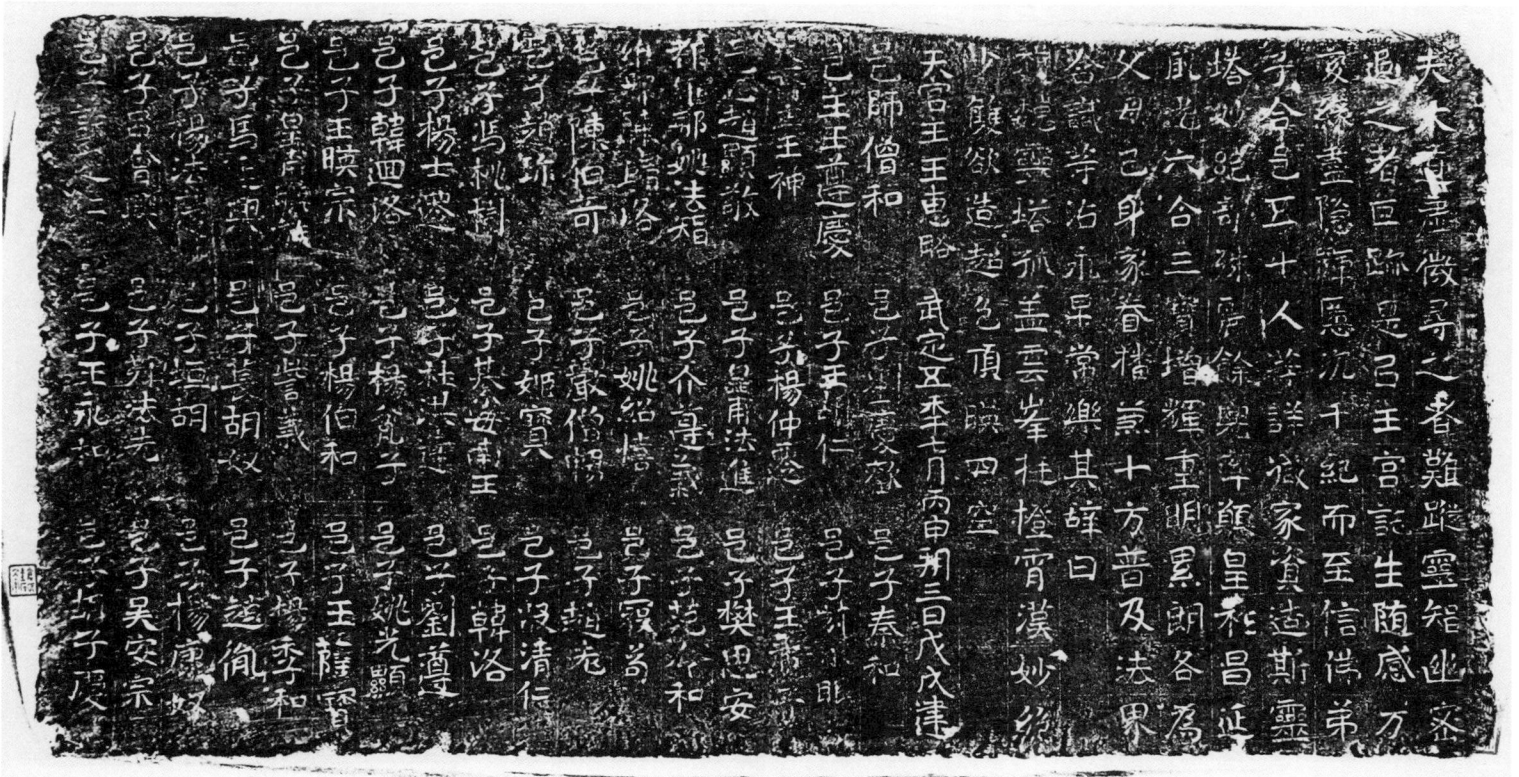

ST/184　王惠略等五十人造靈塔記　佚名撰

東魏武定五年（547）七月三日造　河南省開封市

清末民國拓本　1張　31 cm×59 cm

正書

鈐印：倉氏金石文字

PT/185　王蓋周等一百三十四人造像記　佚名撰

東魏武定五年（547）七月四日造　山東省濟南市長清區

清末民國拓本　2張　第一張：19 cm×52 cm（右），6 cm×11 cm（左），第二張：14 cm×17 cm（上），21 cm×66 cm（下）

正書

造像

239

PT/187 王法現等廿四人造像記 佚名撰

東魏武定五年（547）七月十八日造 山西省陽泉市平定縣

清末民國拓本 1張 40 cm×136 cm

正書

鈐印：倉氏金石文字、永齡私印

倉永齡題簽：辛酉所得

大魏武定七年歲
次己巳四月丙戌
四日巳丑佛弟子
王光為二父母見
在眷屬敬造石像
一軀又為國王帝
主州郡令長一切眾
生善顛從心

之祖王明壽
妻許暈
二父王僧潤
妻解暅頭
妻孔轉
息光副王長
息阿許敬金
光妻阿許敬
女阿阿信和
上息買奴
息阿橫奴
女阿橫奴
息伯奴

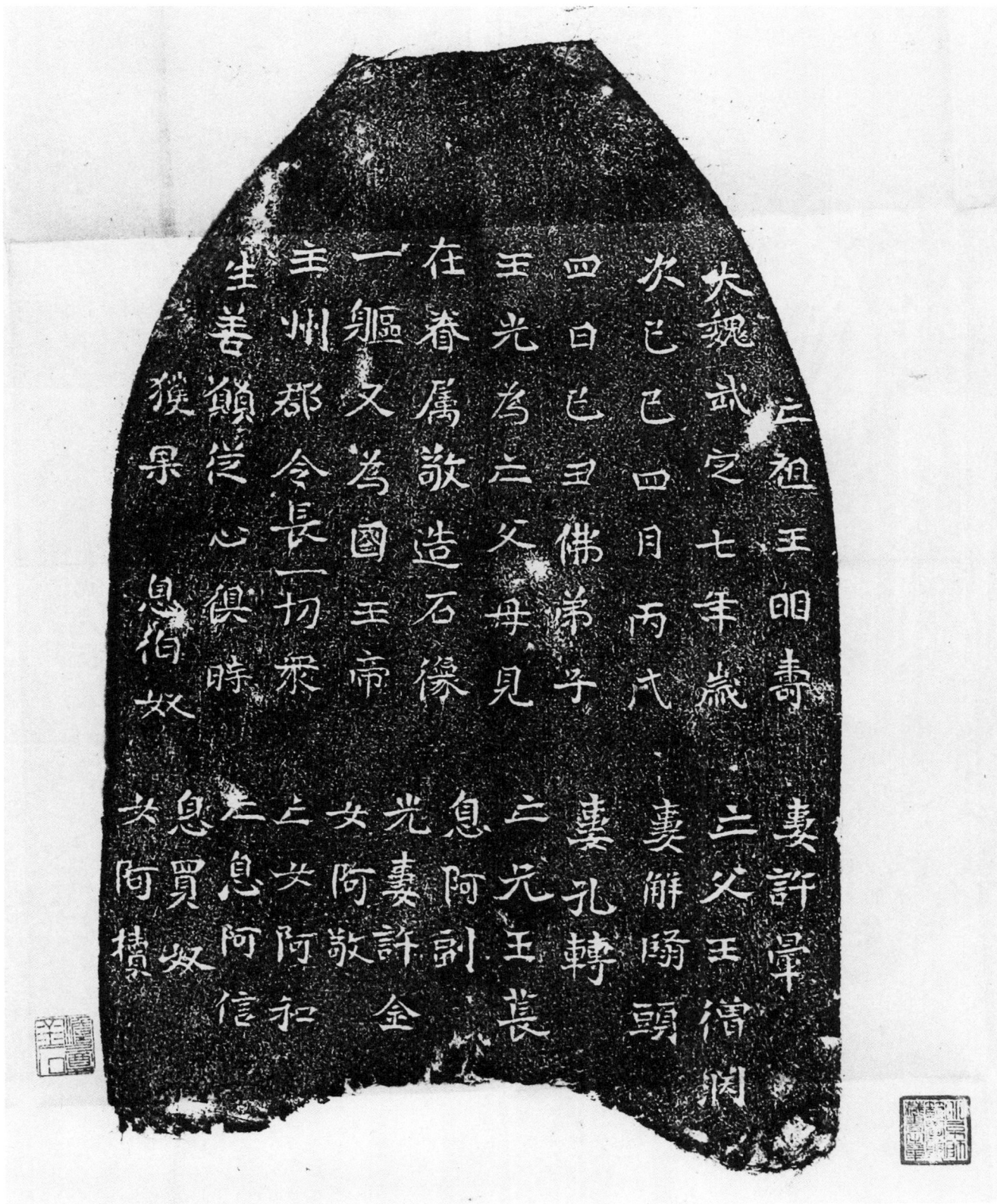

PT/188　王光造像記　佚名撰

東魏武定七年（549）四月四日造　山東省濰坊市

清末民國拓本　1張　38 cm×26 cm

正書

鈐印：澹盦金石

PT/189　意瑗法義造佛像碑　佚名撰

東魏武定（543—550）造　山東省濰坊市安丘市

清末民國拓本　3張　第一張：91 cm×105 cm（陽），第二張：97×104 cm（陰），
第三張：93×31 cm（側）、63×30 cm（側）

正書

額題： 意瑗法義造佛國之碑
鈐印： 澹盦、倉氏金石文字
倉永齡題簽： 己未得於山
左

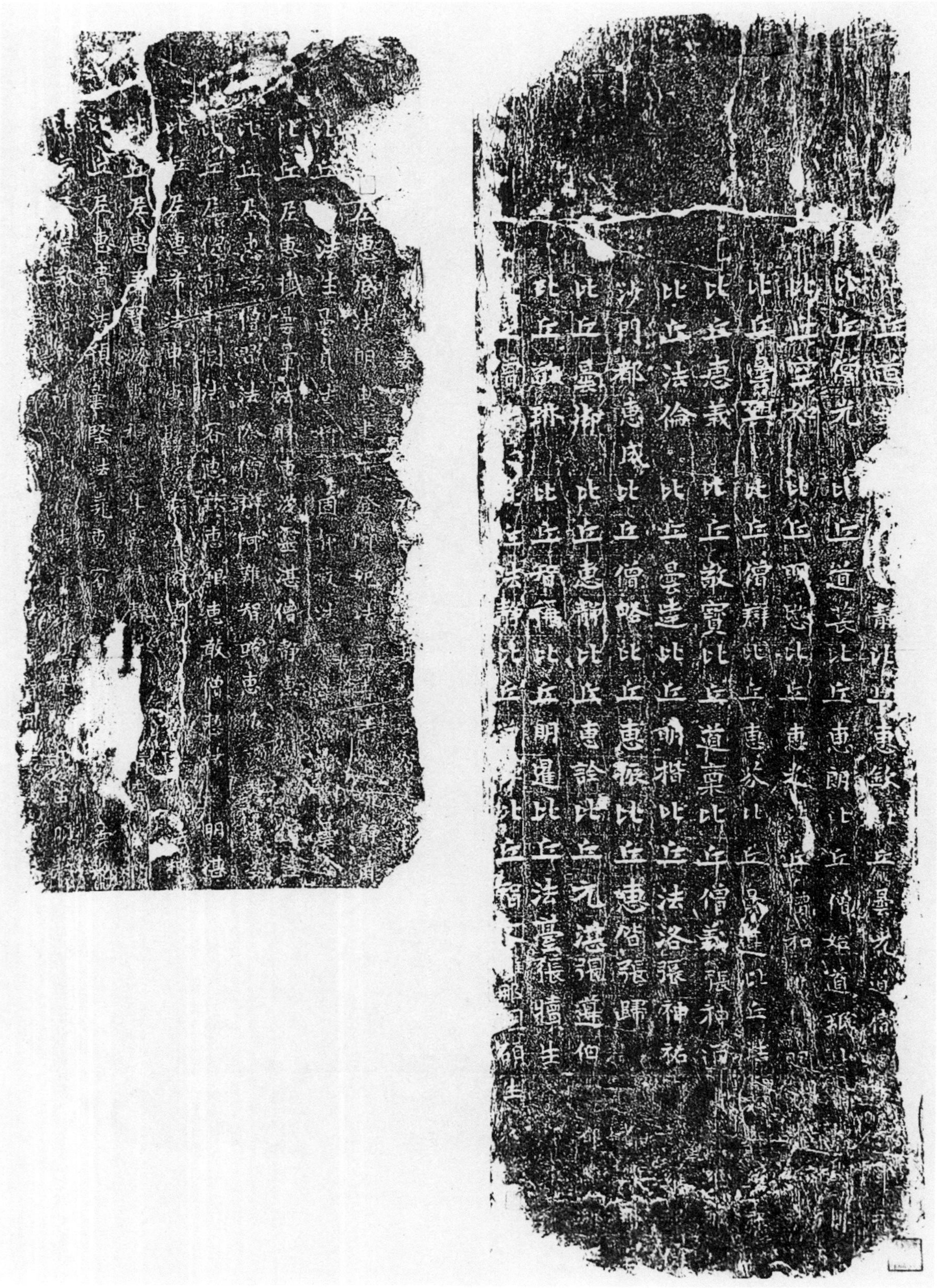

PT/644 暢洛生等造像記（齋主暢洛生等造石像） 佚名撰

北齊天保五年（554）四月二日造 刻立地不詳

清末民國拓本 1張 48 cm×48 cm

正書

首題： 大齊天保五年歲次甲戌四月丙辰朔二日丁巳天宮頌文

倉永齡題簽： 在安陽

245

PT/645　江阿歡夫妻造像記（定州中山上曲陽人江阿歡夫妻造像記） 佚名撰

北齊天保六年（555）六月二十五日造　河北省保定市曲陽縣

清末民國拓本　　1張　35 cm×124 cm

正書

鈐印： 澹盦所藏金石

PT/643　高劉二姓造像記（高劉二姓邑義五十一人造像記）
佚名撰

北齊天保七年（556）三月一日造　河北省保定市定州市出土　　　**鈐印：倉**

清末民國拓本　1張　30 cm×67 cm

正書

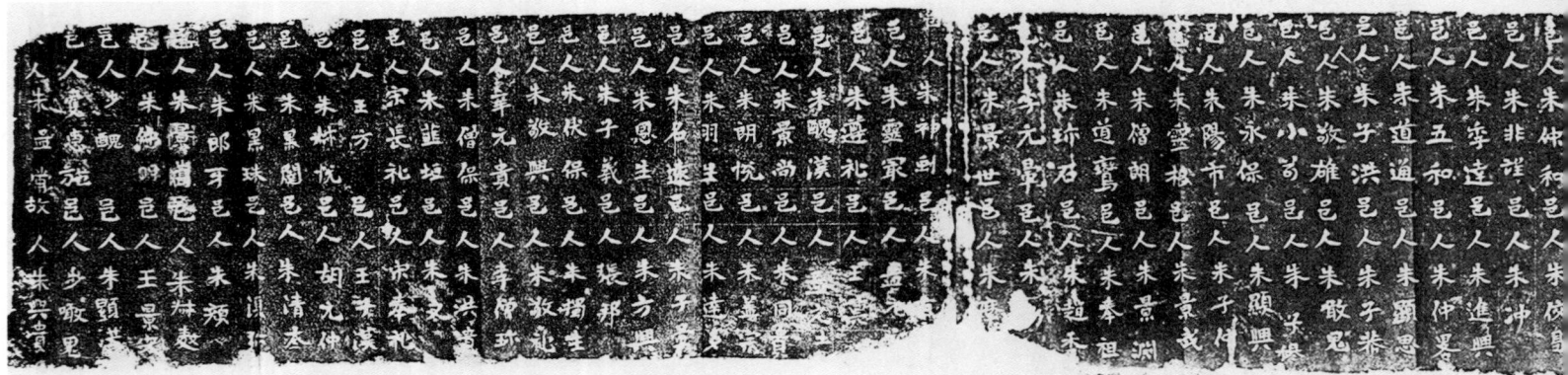

PT/646　朱氏邑人等造像記（朱氏邑人等造玉像　朱靈振等造像記）　佚名撰

北齊天保八年（557）十二月造　山東省德州市慶雲縣

清末民國拓本　1張　26 cm×228 cm

正書

夫靈宗沖邈蘭慧化以控
人聖首淵澄刊彤形安濟
物斯盖秉於理寬流慈訊
者矣於今朱氏茱

皆諱行童年除九難送以
早日謹除九難送以天
保八年十二月敬造王石

象一匾廣倫盈尋其景南
之美九宇以方其奇

歧嚴之紫八永延生
上頭里昨生莩潤
盛存亡同澤合生莩寧

太維那朱露振邑人朱永萬
都維那朱靈封邑人朱永萬
都維那朱羌令邑人朱社信

維那朱慧歆邑人朱暎祖
維那朱遥遊邑人朱同安
維那朱仁銘邑人朱原保

編那朱州敬慈邑人朱遠索
維那朱牧保邑人朱敬速
編那朱草仁邑人朱文

維那朱顯悅邑人朱勇
維那朱難和邑人朱同興
維那朱市珠邑人朱洛保

邑人朱仲林邑人朱子孫
邑人朱伯林邑人朱洛保
邑人朱太保邑人朱同興

邑人朱靈悅邑人朱遠
邑人朱胥邑人朱靈曲
邑人朱景胤邑人朱遠

邑人朱邵生邑人朱洛曲
邑人朱靈生邑人朱盈野
邑人朱苗仁邑人朱洛曲

邑人朱邵仁
邑人朱元寶

PT/647　宋敬業等造塔頌（廣固南寺大衆造寶塔頌　廣固南寺造塔記） 佚名撰

北齊天保九年（558）三月六日造　山東省濰坊市青州市

清末民國拓本　1張　93 cm×49 cm

正書

碑文

可觀尚遷誕而弗周庄說雖大固流宕而忘本其孝蠕書之

二相注法爾於三有轉慧日於六天事隨感而必應道不庶而自速

遍大千而抅毒且約身虗蕩僞用浮竟常漂欲海永沒愛流妄

軍北中郎將趙顯諸邑義等宿樹其德曠資勝慧玄悟二空妙觀

民□□□□□□之妙境破愛欲之福地遍心經始搆象裁基廣

聖間美三十二相形諸金玉七慶八會備在丹青寰化異端群分類

終冀壇之勝形全仁智之□□□□諸功德刻石申言异存長

採雲堂齋蹕烟館固□比擬盛事識□□□□□□□□□

日昭燭息彼椎光載吞消潰弥綸臣細牢籠廣居无動而應一委庶而

此小年遠遜菩提高踰入玄不獨其善兼濟為綠列國區分万邦錯

滿神其永祚將登彼岸同遊三路

參軍孫天和為尝勻蘭王解奉蓮維那前府都皆默曹參軍王曼

曹參軍趙暉永東堪王前府都督鎧曹參軍許伯延前屬五郡功曹

明督法曹參軍趙暉厲武將軍信治中傳㸓

重安康縣開國子和平縣開國男庫真都督文達

四安男太子都督延和 息繼伯孫羲深

信州城邑參軍柱牟慶北中前

信州府主簿耿延壽平遠將軍令

次孫専乂 次孫勁乂

次孫羲湖

大齊天保

衛將軍前北中郎將王保貴

PT/648　王保貴等造浮圖殘碑（齊天保殘碑）　佚名撰

北齊天保□年（550—559）造　刻立地不詳

清末民國拓本　1張　44 cm×38 cm

正書

鈐印：滄盦金石
倉永齡題簽：朱氏藏石

251

PT/649　比丘僧邑義造像碑（比丘僧邑義題記）　　佚名撰

北齊乾明元年（560）七月十五日造　山東省臨沂市

清末民國拓本　1張　89 cm×43 cm

正書

PT/650　慧承等造像記（比丘尼慧承等造彌勒像）　佚名撰

北齊乾明元年（560）八月二十五日造　山東省濟南市長清區

清末民國拓本　1張　20 cm×60 cm

正書

鈐印：倉印、澹盦金石
倉永齡題簽：辛酉得於濟南

PT/653　陳神忻等人造像記（陳神忻合邑子七十二人造像）　佚
名撰

北齊皇建二年（561）五月二十五日造　山西省陽泉市平定縣

清末民國拓本　2 張　34 cm×64 cm（陽），35 cm×65 cm（陰）

正書

鈐印：倉氏金石文字
倉永齡題簽（碑陽）：
辛酉所得

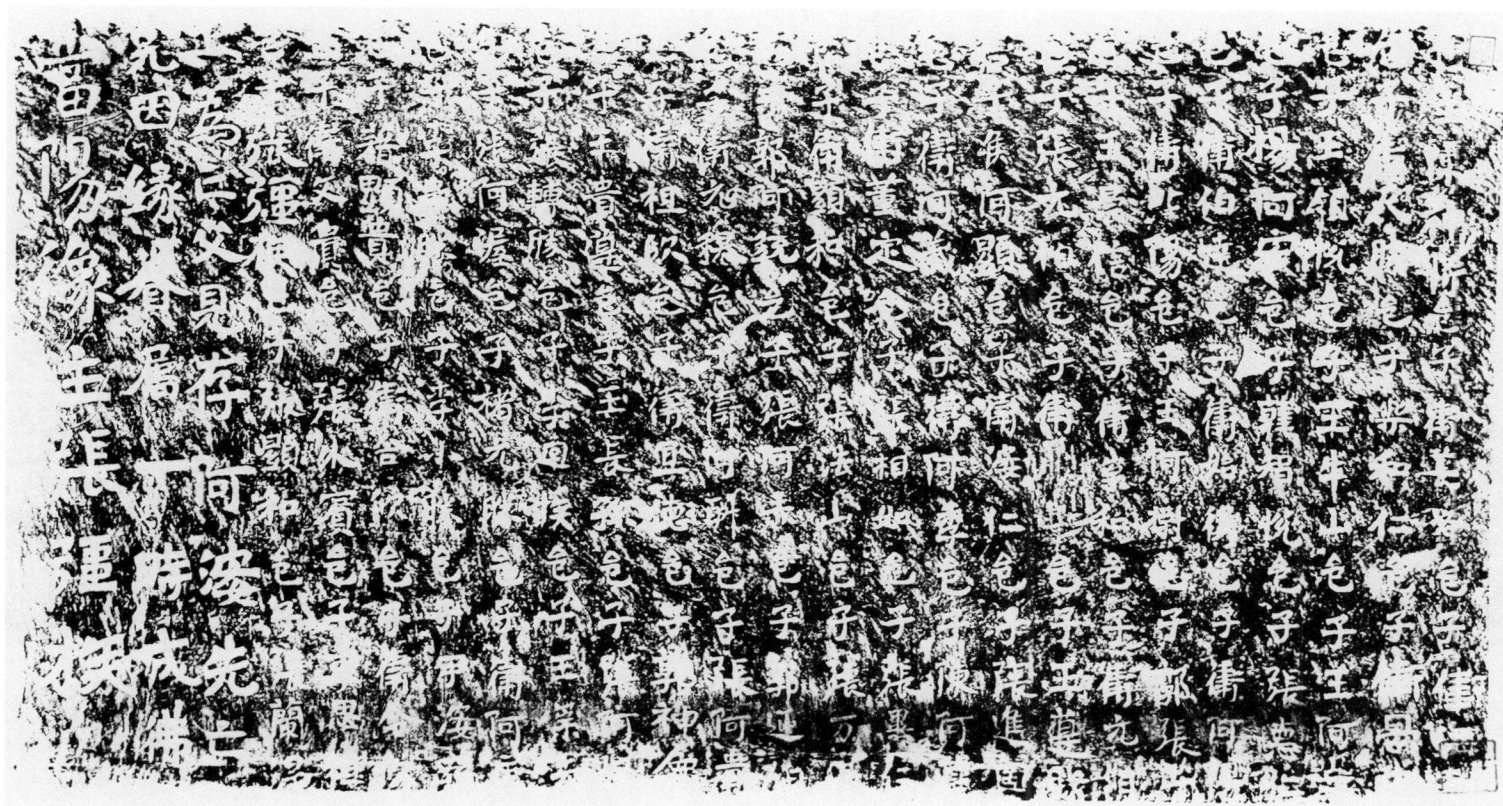

PT/655　阿鹿交村七十人造像記（寶演等七十人造像記）　佚名撰

北齊河清二年（563）二月十七日造　山西省陽泉市平定縣

清末民國拓本　1張　51 cm×160 cm

正書

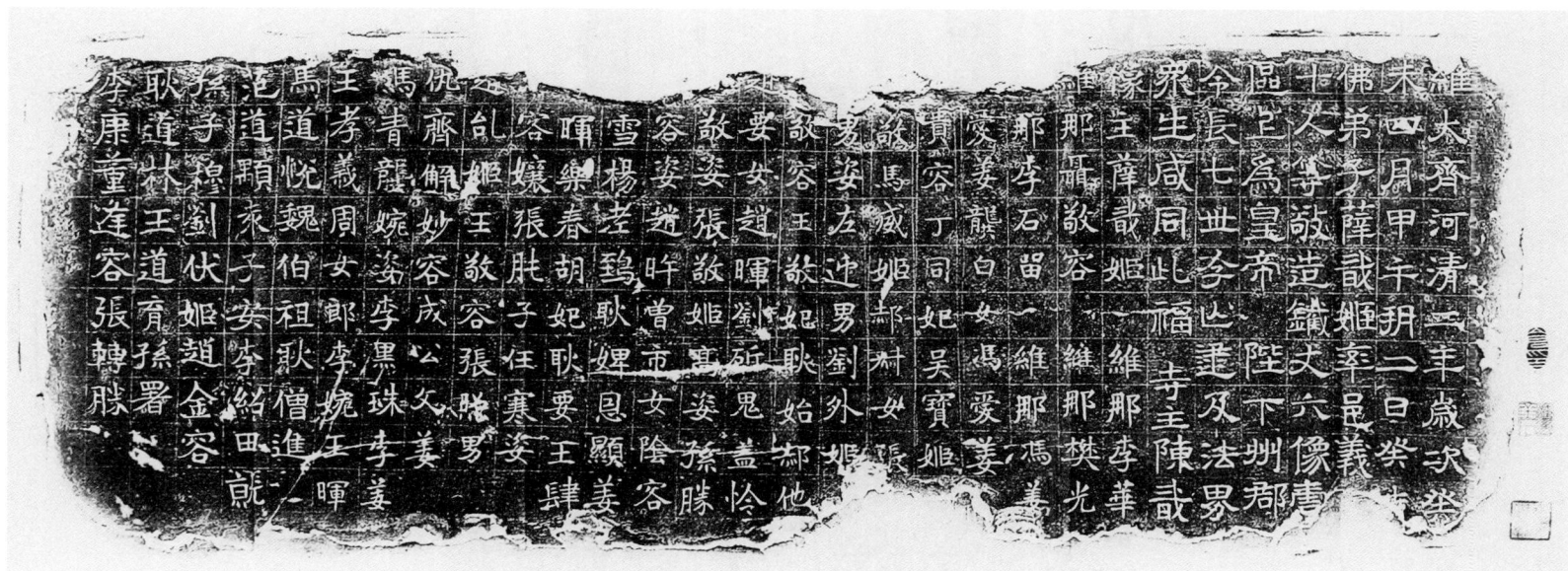

ST/656 薛貳姬等造像記（薛貳姬率邑義八十人造鐵丈六像）
佚名撰

北齊河清二年（563）四月二日造　山東省濟南市歷城區出土

清末民國拓本　1張　31 cm×87 cm

隸書，題名正書

PT/047　尹景穆等造像碑　佚名撰

北齊河清三年（564）四月八日造　［河北省邯鄲市涉縣］

清末民國拓本　1張　132 cm×55 cm

正書

額題：都邑比丘道□銘像主
尹景穆都邑主原法僧
鈐印：倉氏金石文字

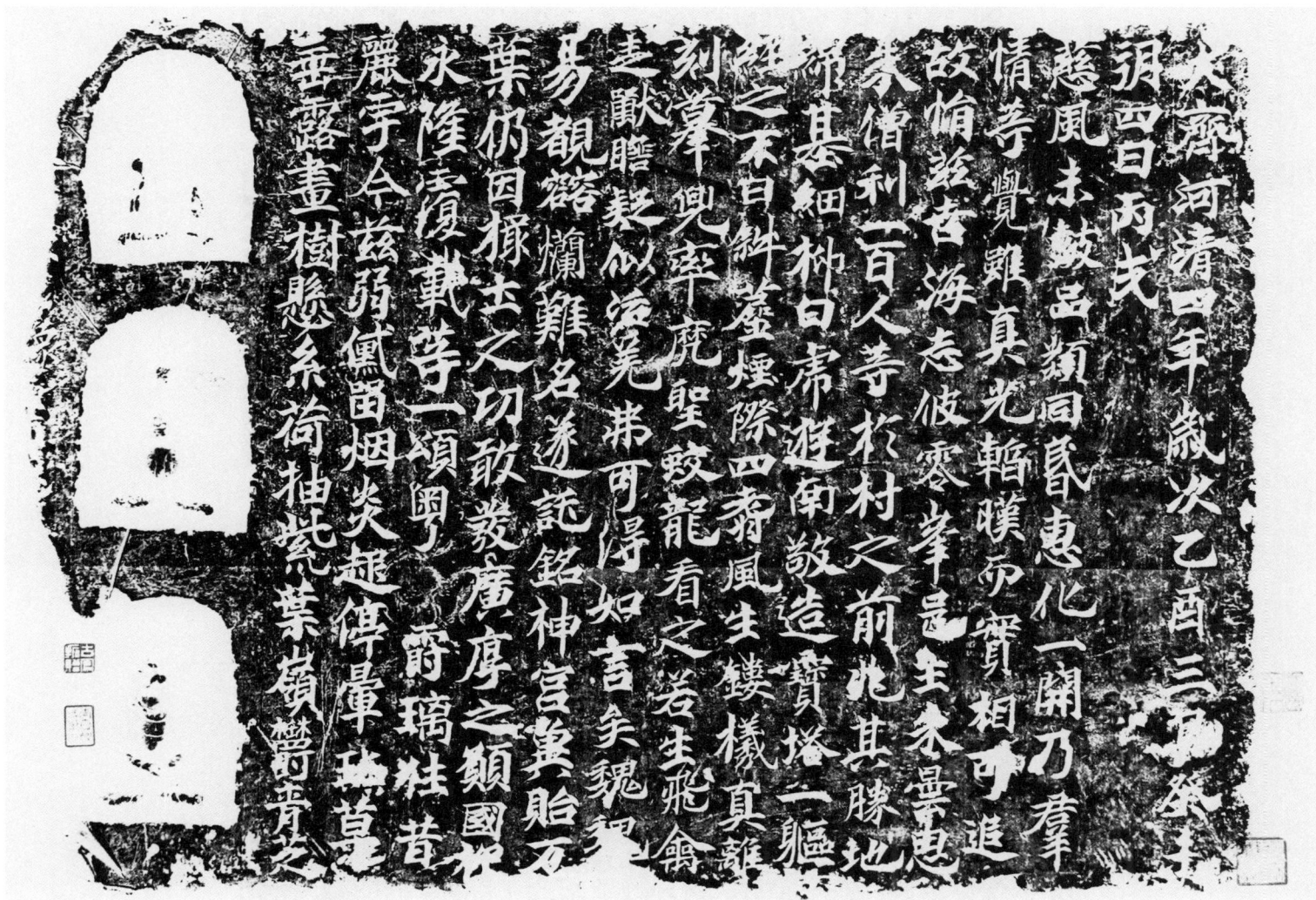

PT/657　朱曇思等造塔記（朱曇思朱僧利等一百人造寶塔記）　佚名撰

北齊河清四年（565）三月四日造　山東省濱州市博興縣出土

民國二年（1913）古鳳拓本　1張　44 cm×61 cm

正書

PT/658 姜纂造像記 佚名撰

北齊天統元年（565）九月八日造 河南省洛陽市偃師區

民國拓本 1張 49 cm×32 cm

正書

鈐印：倉氏金石文字

PT/662 劉僧信等造像記（大像主劉僧信卅餘人造彌勒像）
佚名撰

北齊天統二年（566）四月十日造 山東省濟寧市

清末民國吳友石拓本 1張 15 cm×53 cm(上)，14 cm×50 cm(中)，15 cm×51 cm(下)

正書

複本：PT/663

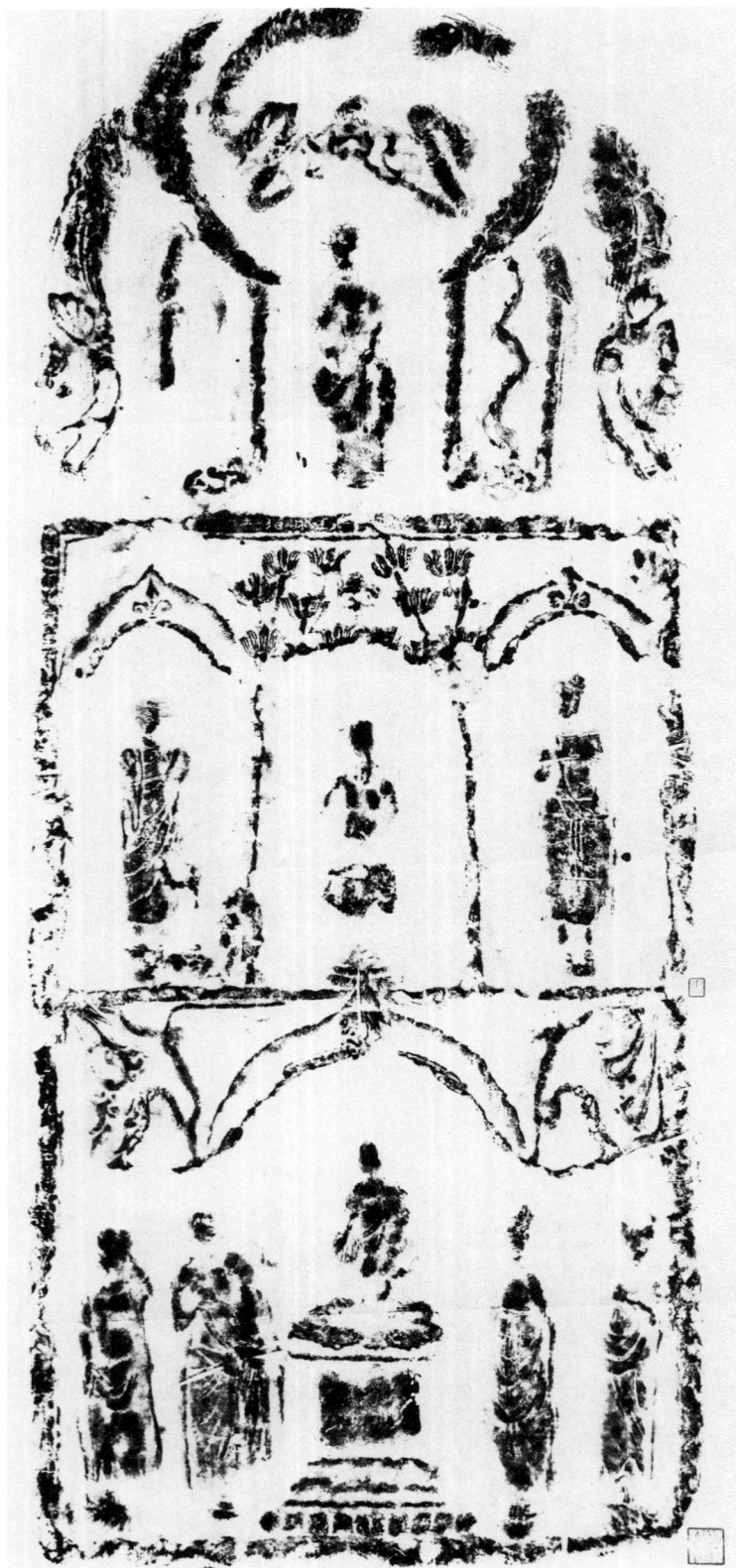

ST/659　宋買等二十二人造像記（大都邑主宋買等二十二人造天宮像）　佚名撰

北齊天統三年（567）四月八日造　河南省洛陽市偃師區

清拓本　3張　第一張：102 cm×43 cm（陽），第二張：109 cm×45 cm（陰），第三張：63 cm×22 cm（側）、63 cm×22 cm（側）

正書

PT/664　姚景等造像記　佚名撰

北齊天統三年（567）十月八日造　刻立地不詳

清末民國拓本　1張　23 cm×35 cm

正書

鈐印：倉氏金石文字

PT/665　董洪達等造像記　佚名撰

北齊武平元年（570）正月二十六日造　河南省鄭州市登封市少林寺

清末民國拓本　1張　64 cm×60 cm

正書

鈐印：錫青、倉氏金石文字
倉永齡題簽：石在河南登封

PT/666　逢遷造像記（佛弟子逢遷造觀世音像記）　佚名撰

北齊武平四年（573）十二月八日造　安徽省

清末民國拓本　1張　15 cm×56 cm

正書

鈐印：澹盦金石

PT/667　等慈寺造塔記（等慈寺殘碑）　佚名撰

北齊武平五年（574）十月造　河南省鄭州市滎陽市汜水鎮

清末民國拓本　1張　35 cm×54 cm

正書

倉永齡題簽： 聞石已佚，在河南汜水

PT/668　圓照圓光造雙像記（比丘尼圓照等造雙彌勒玉石像頌）　佚名撰

北齊武平六年（575）五月二十六日造　河北省滄州市鹽山縣

清末民國拓本　1張　26 cm×129 cm

正書

PT/669　豆盧通等造像記（都督定州諸軍事南陳郡開國公定州刺史豆盧通世子僧奴等造像）　佚名撰

隋開皇元年（581）四月八日造　山西省陽泉市平定縣

清末民國拓本　1張　85 cm×74 cm

正書

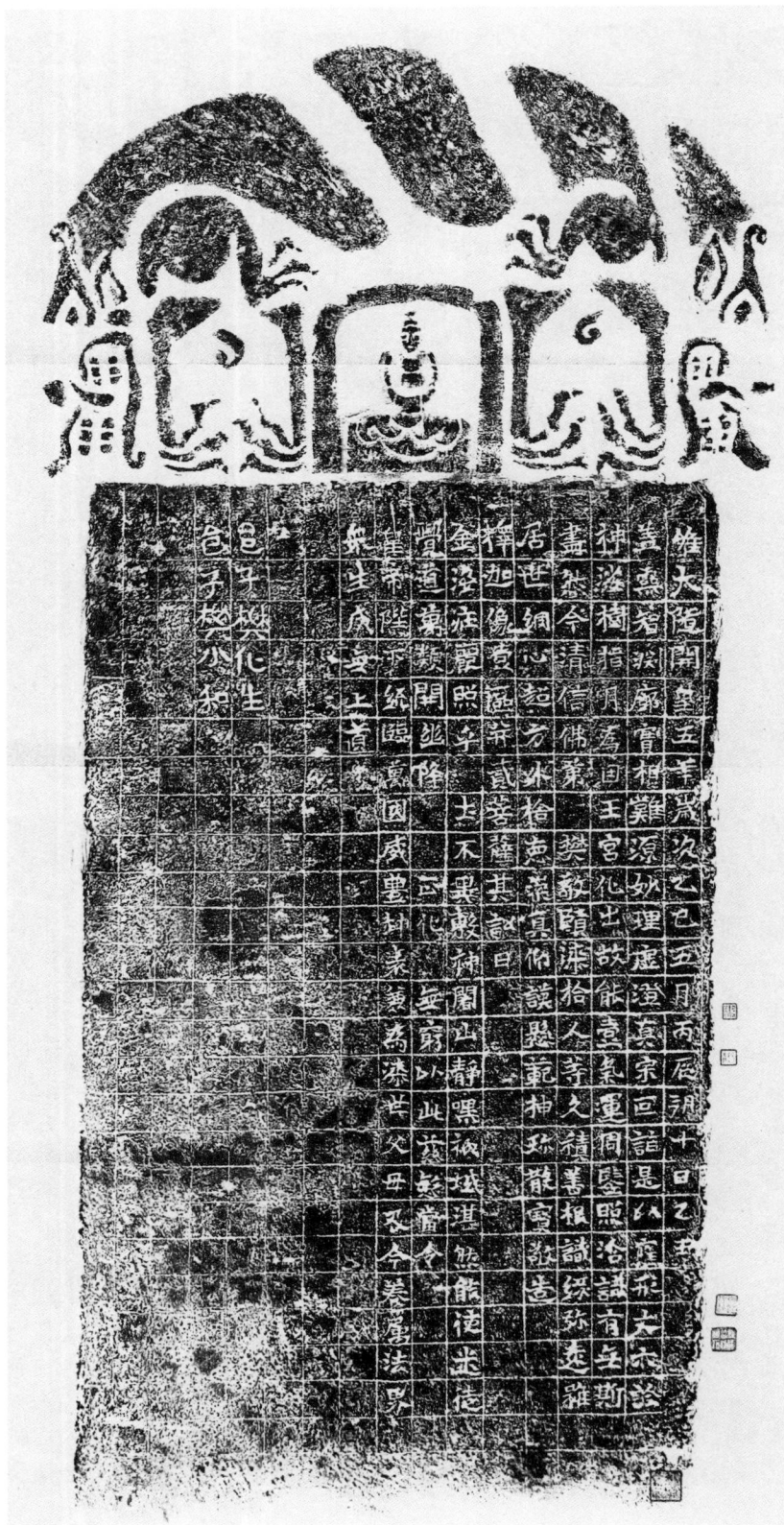

PT/671　樊敬賢等造像記（樊敬賢柒拾人等造釋迦像）　　佚名撰

隋開皇五年（585）五月十日造　刻立地不詳

清末民國姚湘雲拓本　2張　114 cm×55 cm（陽），115 cm×61 cm（陰）

正書

鈐印：姚氏貴昉藏石、姚湘雲女史手拓金石文字記、錫青、倉氏金石文字

倉永齡題簽：庚申臘月得於津門

邑子樊子曲
邑子王希仁

邑子	邑子	邑子	邑子	邑子	邑子	邑子	邑子	邑子	邑子	邑子	邑子	邑子	北丘僧惠華
樊白	廉細	兒明	樊之	秦清	費賢	樊娘	韓竜	衛寶	永英	陳武	楊光	王仲	樊敬頣

PT/675　李惠猛妻楊靜太造像記　劉洛造像記　夏樹造像記
佚名撰

隋開皇四年（584）八月十日造；隋開皇四年（584）八月十五日造；
隋開皇五年（585）七月七日造　山東省濟南市玉函山

鈐印：倉印、倉氏金石文字

清末民國拓本　1張　14 cm×75 cm（上），32 cm×18 cm（右），38 cm×15 cm（左）

正書

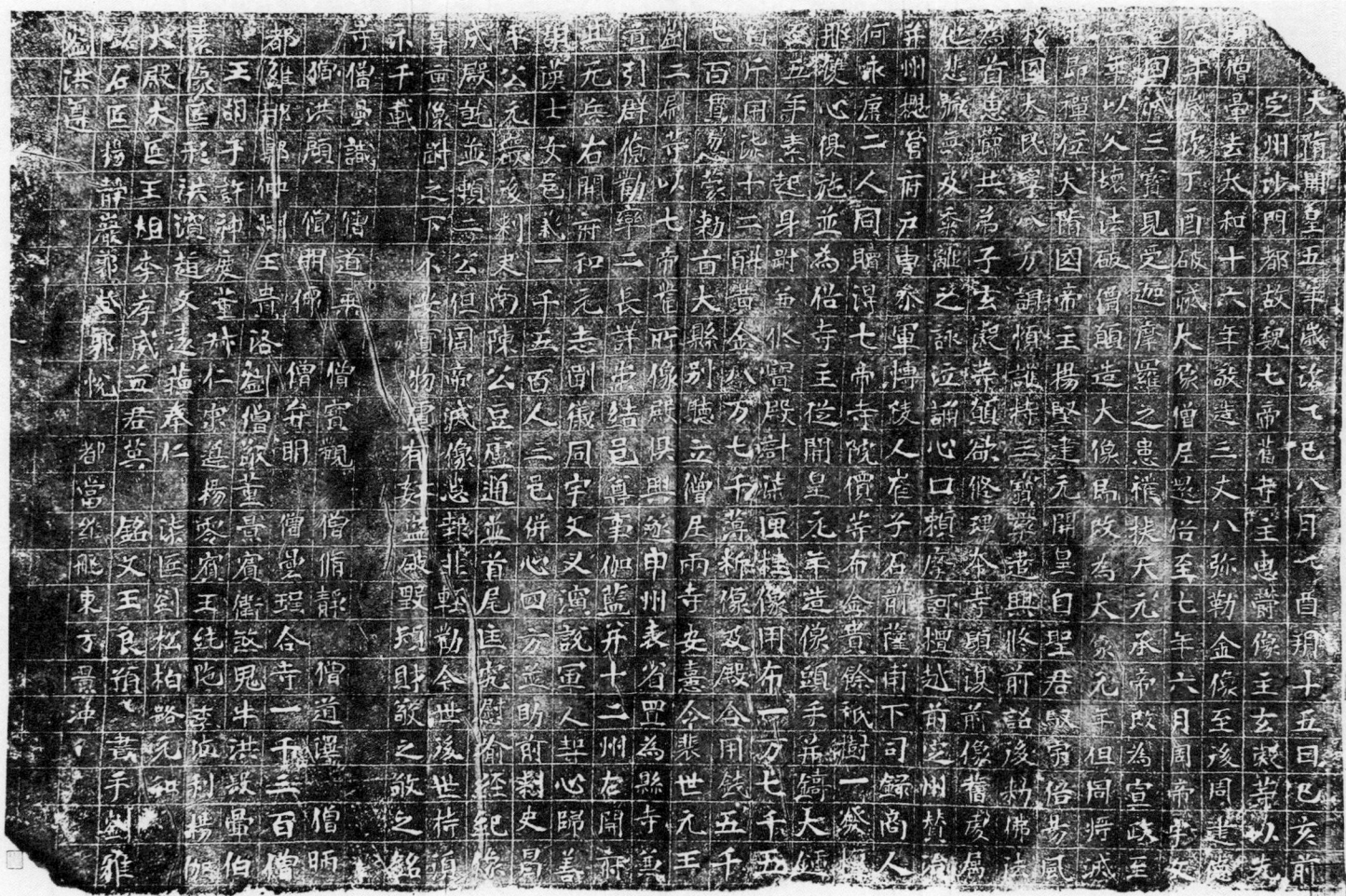

PT/673　惠鬱等造像記（重修定州七帝寺記）　　佚名撰

隋開皇五年（585）八月十五日造　河北省保定市定州市

清末民國拓本　1張　61 cm×89 cm

正書

鈐印：滄盦、滄盦金石、倉氏金石文字

倉永齡題簽：石在定州

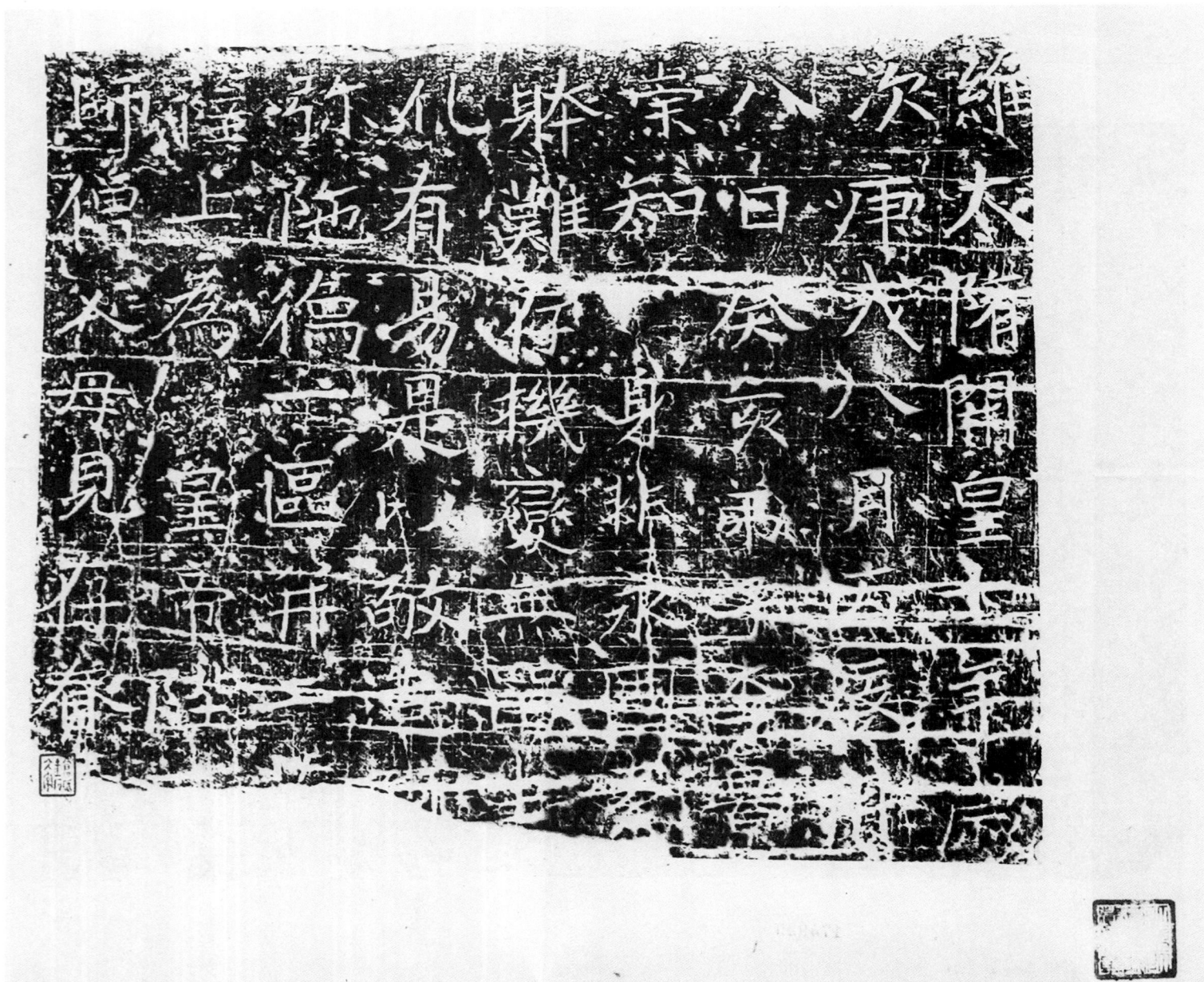

PT/674　李景崇造像記　佚名撰

隋開皇十年（590）八月八日造　山東省濟南市

清末民國拓本　1張　24 cm×30 cm

正書

鈐印：倉氏金石文字

PT/678　諸葛子恒等造像碑（諸葛子恒合一百人等平陳紀功碑　義主都督諸葛子恒合一百人平吳越僞主陳叔寶紀功碑　平陳頌） 佚名撰

隋開皇十三年（593）四月十五日造　山東省臨沂市出土

清末民國拓本　1張　113cm×73cm

正書

PT/676 羅沙彌造像記 傅朗振造像記 羅寶奴造像記 佚名
撰

隋開皇八年（588）七月二十日造；隋開皇八年（588）九月五日造；
隋開皇十三年（593）五月二日造　山東省濟南市玉函山

清末民國拓本　3 張　29 cm×10 cm（一），14 cm×15 cm（二），53 cm×19 cm（三）

正書

鈐印：倉氏金石文字、倉印

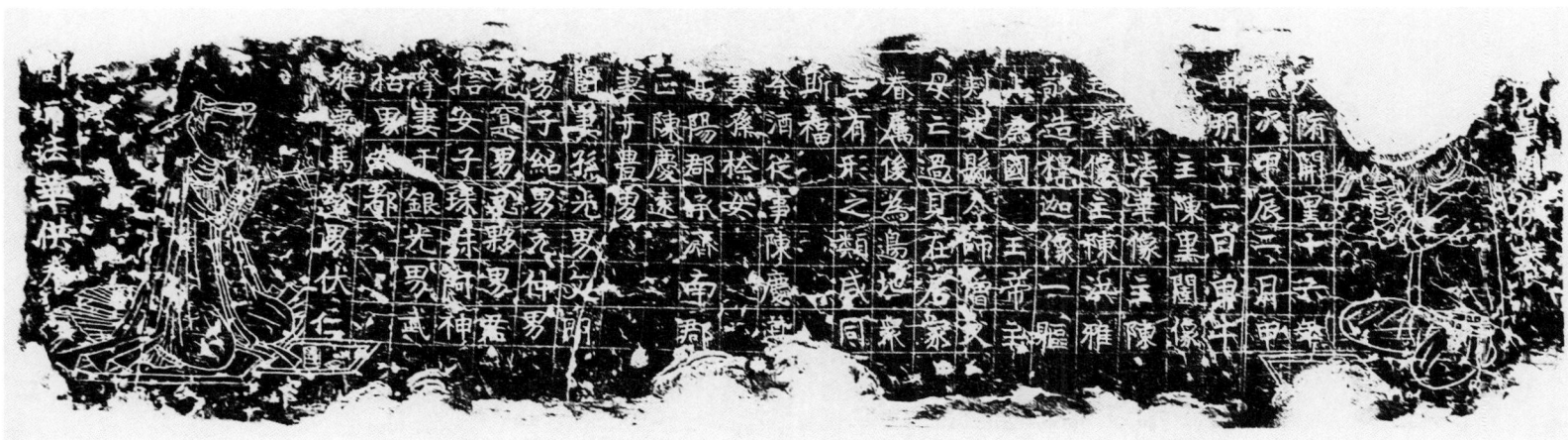

ST/383　陳黑闥造像記　佚名撰

隋開皇十六年（596）二月十一日造　山東省濟南市章丘區

清末民國拓本　1張　30 cm×111 cm

正書

鈐印：倉氏金石文字、澹盦收藏

倉永齡題簽：石在章丘；戊午黃蓮溪寄贈

PT/679　鄭惠好等三十八人造像　佚名撰

隋開皇十六年（596）六月二十三日造　山東省濰坊市

清末民國拓本　1張　94 cm×54 cm

正書

鈐印：倉氏金石文字、錫青

PT/677　張遵義妻桓造像記　顏海造像記　顏海妻展造像記
佚名撰

隋開皇二十年（600）十月八日造；隋（581—618）造；隋（581—
618）造　山東省濟南市玉函山

清末民國拓本　1張　30cm×15cm（右），26cm×11cm（中），30cm×19cm（左）

正書

鈐印： 倉氏金石文字、倉印

PT/386 趙暉等造像記 佚名撰

隋（581—618）造　山東省濟南市

清末民國拓本　1張　32 cm×71 cm

正書

PT/387　趙敬造像記　佚名撰

唐龍朔三年（663）正月七日造　刻立地不詳

清末民國拓本　　1張　　48 cm×55 cm

正書

鈐印：倉氏金石文字

倉永齡題簽：滄盦藏石

PT/390　佛弟子張□造彌勒像　佚名撰

唐永隆二年（681）正月二十九日造　刻立地不詳

清末民國拓本　1張　54 cm×37 cm

正書